完全解明

「経理の状況」の計算ロジック&計算構造

有報から決算短信まで(連結もカバー)
ディスクロージャーの計算構造を網羅

新日本有限責任監査法人 編著

はじめに

　財務内容等の開示が法令等で義務付けられている上場企業の経理・財務部（会社によっては経営企画、IR部門等）においては、財務報告（ディスクロージャー、開示）のスキルを持った人材の確保が必要不可欠ですが、財務報告のルールは複雑かつ難解であり、それを身に付けるのは容易ではありません。

　財務報告においては、開示府令や証券取引所の上場規程といった法令等の知識に加え、有価証券報告書等の財務報告書類の構造理解やそこにどのような数字を入れるかといった「作成スキル」が求められます。そのすべてをカバーしているのが財務報告実務検定ですが、本書は、このうち「作成スキル」の方を重点的にマスターしていただくことを目的に企画されたものです。

　本書が最も力を注いだのが、「計算ロジック及び計算構造」を解明し、理解していただくという点です。各問題ごとに用意された財務報告資料のブランクに入る数字を考え、解説を読んでいただくことで、「なぜそこにその数字が入るのか」「その数字の持つ意味は何か」「その数字は財務報告書類の他の部分とどういうつながりを持つのか」といったことが立体的に理解できるように作られています。

　また、解説や随所に盛り込まれたコラムには、tipsが豊富に盛り込まれており、これらは、日々の実務においても参考になるはずです。

　財務報告実務検定試験を受験される方のみならず、ディスクロージャー実務に関わる多くの方に本書を手に取っていただき、ディスクロージャースキル向上にお役立ていただければ、これに勝る喜びはありません。

　最後に、本書の執筆にご尽力いただいた新日本有限責任監査法人の皆様、また、本書の出版の機会を与えていただくとともに編集をご担当いただいた税務経理協会の大川晋一郎様に感謝の意を表します。

　　　　　一般社団法人日本IPO実務検定協会　財務報告実務検定事務局長
　　　　　　　　　　　　　　　　　　　　　　　　　　　　　原田清吾

執筆にあたって

　本書は、財務報告実務検定を受験する方々が多忙な日々の中で、総合問題への対策を行う際に、想定問題集を作問し、習熟度に沿って学習できるように難易度を付け解説したものとなっております。また、財務報告実務検定対策のみならず財務報告の実務においても、財務報告書類の構造を理解していただく場合に役立つ構成にしております。

　上場企業の経理、財務、IR担当者やこれらの職種を志す人にとって「ディスクロージャー」「開示」とも言われる財務報告の知識は欠かせません。また、昨今の財務報告に関連する法令等の改正や決算早期化の流れへの対応の中で、適切な財務報告を行うためには、計算ロジック及び計算構造の的確な理解が必要不可欠なものとなっています。

　そのため、本書においては、財務報告実務検定で出題される総合問題への対策のほか、総合問題を通じて財務報告書類を作成するために実務上も役立つ計算ロジック及び計算構造を理解していただける構成になっております。さらに、総合問題やコラムの中に、財務報告実務担当者が実務において財務報告書類を作るために必要な実践的なノウハウも織り込ませていただきました。

　財務報告実務の現場に携わる方、また財務経理関連の職種を志す方々にとって、本書が財務報告実務検定試験の受験に向けた学習の一助となれば幸いです。

　最後に本書の発刊にあたりお世話になりました(社)日本IPO実務検定協会及び(株)税務経理協会の編集担当諸氏に心から御礼申し上げます。

執筆者一同

本書の使い方

　本書は、有価証券報告書・四半期報告書（金商法）、事業報告（会社法）、決算短信・四半期決算短信（適時開示）のすべての財務報告書類をカバーしていますが、これらの書類には共通する部分も多いため、基本的には他の財務報告書類のベースとなっている有価証券報告書を中心に構成しています。それ以外の書類については、有価証券報告書と異なる独特の論点を取り上げ、「有価証券報告書との関連性・違い」を明らかにしています。

　本書の構成は以下のとおりとなっております。

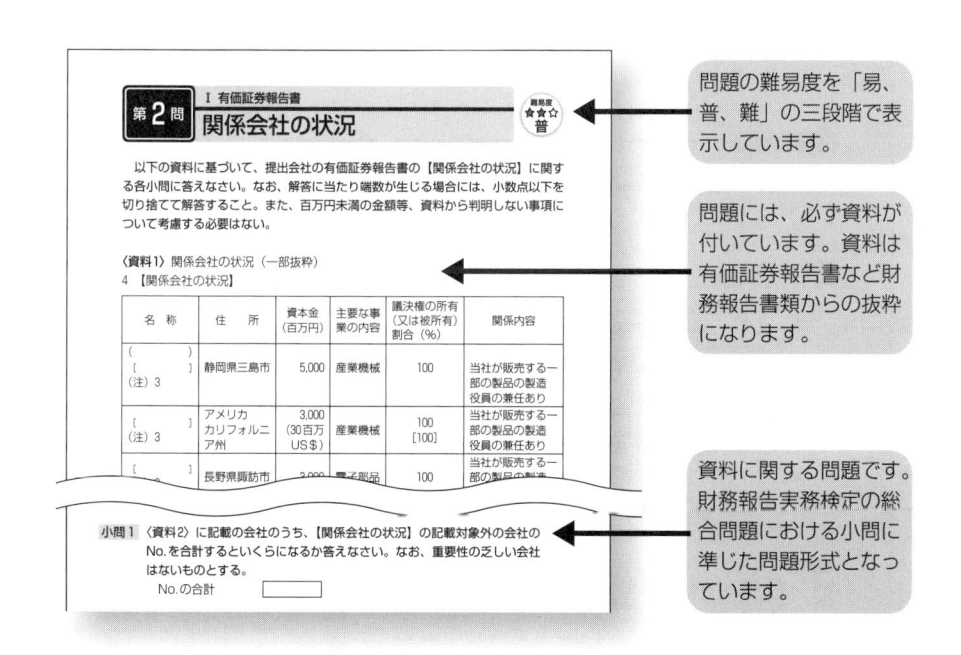

［第2問 サンプル画像内］

Ⅰ 有価証券報告書
第2問　関係会社の状況　　難易度 ★★☆ 普

以下の資料に基づいて、提出会社の有価証券報告書の【関係会社の状況】に関する各小問に答えなさい。なお、解答に当たり端数が生じる場合には、小数点以下を切り捨てて解答すること。また、百万円未満の金額等、資料から判明しない事項について考慮する必要はない。

〈資料1〉関係会社の状況（一部抜粋）
4【関係会社の状況】

名称	住所	資本金（百万円）	主要な事業の内容	議決権の所有（又は被所有）割合（%）	関係内容
[　　]（注）3	静岡県三島市	5,000	産業機械	100	当社が販売する一部の製品の製造 役員の兼任あり
[　　]（注）3	アメリカカリフォルニア州	3,000（30百万US＄）	産業機械	100[100]	当社が販売する一部の製品の製造 役員の兼任あり
[　　]	長野県諏訪市	2,000	電子部品	100	当社の製…

小問1　〈資料2〉に記載の会社のうち、【関係会社の状況】の記載対象外の会社のNo.を合計するといくらになるか答えなさい。なお、重要性の乏しい会社はないものとする。
　　　No.の合計　[　　　]

- 問題の難易度を「易、普、難」の三段階で表示しています。
- 問題には、必ず資料が付いています。資料は有価証券報告書など財務報告書類からの抜粋になります。
- 資料に関する問題です。財務報告実務検定の総合問題における小問に準じた問題形式となっています。

小問2 特定子会社の判定の基準を資本金の額とする場合、〈資料1〉に記載の会社のうち、特定子会社に該当する会社の資本金を合計するといくらになるか答えなさい。なお、提出会社の平成X2年3月末における資本金の額は11,050百万円である。
　　　　資本金の合計金額 ☐ 百万円

小問3 主要な損益情報等の記載の判定基準となる金額を答えなさい。なお、提出会社の平成X2年3月期の連結売上高は111,453百万円である。
　　　　判定金額 ☐ 百万円超

解答・解説

本問は、有価証券報告書の【関係会社の状況】に記載する会社の範囲や脚注すべき事項の判定に関する問題である。【関係会社の状況】に記載する事項については、開示府令第二号様式記載上の注意（28）に規定されている。

小問1
解答： No.の合計　26

解説：【関係会社の状況】に記載される会社は以下のとおりである。

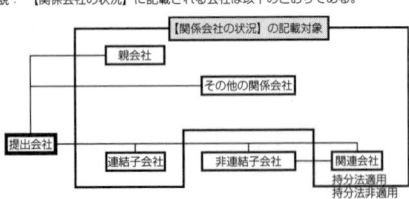

```
                          【関係会社の状況】の記載対象
           ┌──親会社
           │         ──その他の関係会社
提出会社 ──┤
           │    ──連結子会社   ──非連結子会社  ──関連会社
                                    持分法適用      持分法適用
                                    持分法非適用
```

したがって、資料上ではG社（No.7）、H社（No.8）及びK社（No.11）が記載の対象外となるため、No.の合計は26（＝7＋8＋11）となる。

小問2
解答：　資本金の合計金額　16,454　百万円

解説：　特定子会社とは、以下に掲げる特定関係のいずれか一以上に該当する子会社のことである。
一　提出会社の最近事業年度に対応する期間において、提出会社に対する売上高総額又は仕入高総額が、提出会社の仕入高総額又は売上高総額の10％以上である場合
二　提出会社の最近事業年度の末日（当該事業年度と異なる事業年度を採用している会社の場合には、当該会社については、当該末日以前に終了した

問題に対する解答及び解説になります。正解した場合でも、解説に目を通すようにしてください。

iv

タカラ・包装子会社B社、C社、D社、E社及び……社について資本金が記載されていることが判明する（（注）3の会社）。いずれの資本金も1,105百万円以上であるため、5社すべてが特定子会社に該当することになる。したがって、**資本金の合計は16,454百万円（＝5,000百万円＋3,000百万円＋3,000百万円＋3,454百万円＋2,000百万円）**となる。なお、**特定子会社に該当する関係会社があるときは、その旨を記載する**とされている。

小問3
解答： 判定金額　11,145　百万円超
解説： 当連結会計年度における連結売上高に占める連結子会社の売上高（連結会社相互間の内部売上高を除く）の割合が10%を超える場合、その旨及び主要な損益状況等を記載することとされている。ただし、以下の場合、その理由を明記した上で主要な損益状況等の記載を省略できる。
① 当該連結子会社が、有価証券届出書又は有価証券報告書を提出している場合
② 当連結会計年度におけるセグメント情報の売上高に占める当該連結子会社の売上高（セグメント間の内部売上高又は振替高を含む）の割合が90%を超える場合
　したがって、11,145百万円（＝連結売上高111,453百万円×10%）を超える売上高の連結子会社について主要な損益情報等の記載が必要となる。
　本問では、E社の売上高が11,145百万円を超えているが、有価証券報告書を提出しているため、主要な損益情報等の記載は不要である。
　なお、〈資料1〉を完成させると、以下のとおりとなる。

●Column　主要な経営指標等の推移について

　【主要な経営指標等の推移】は、連結と個別に関する主要な経営指標等を一覧表示にしたものであり、一般的に「ハイライト情報」と呼ばれている。設問では省略しているが、最近5連結会計年度の経営指標等を記載することとされている。開示に先立ち、最終の（連結）財務諸表の金額が正しく転記されているかをチェックしよう。
　【主要な経営指標等の推移】に記載される経営指標等は下記のとおりである（○が記載項目。連結財務諸表作成会社が前提）。

経営指標等	連結経営指標等	提出会社の経営指標等	チェックポイント
売上高	○	○	・（連結）損益計算書と一致しているか？
経常利益	○	○	・（連結）損益計算書と一致しているか？
当期純利益	○	○	・（連結）損益計算書と一致しているか？
包括利益	○	—	・連結包括利益計算書と一致しているか？ ・マイナス（△）でも「包括利益」と表示しているか？

本書の使い方

　ディスクロージャー実務に関しある程度の知識・経験を有する方は、まず自力で問題を解いた後、解答・解説を読むようにしてください。

　一方、あまり知識のない方は、解答・解説を読みながら、資料・問題に当たってください。解答・解説が理解できたら、一度は自力で問題を解くようにしてください。財務報告書類の作成知識を身に付ける上では、実際に手を動かすことが極めて有効です。

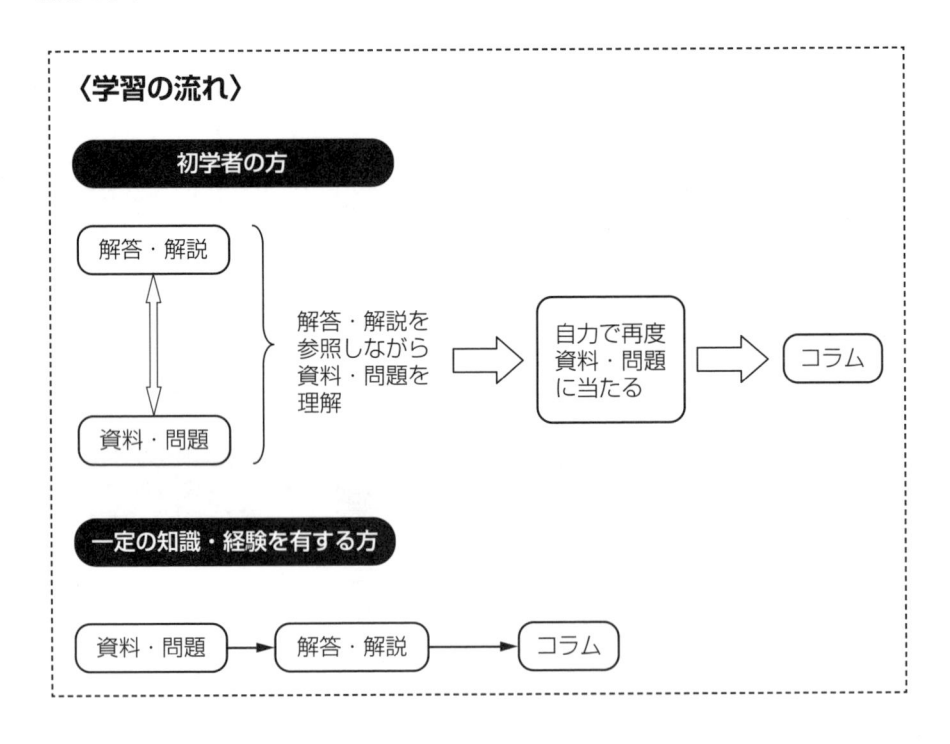

〈学習の流れ〉

初学者の方

解答・解説 ⇅ 資料・問題 ｝ 解答・解説を参照しながら資料・問題を理解 → 自力で再度資料・問題に当たる → コラム

一定の知識・経験を有する方

資料・問題 → 解答・解説 → コラム

目 次

I 有価証券報告書

第1問　連結経営成績 ……………………………………………………… 1
　●Colum●　主要な経営指標等の推移について ………………………… 6
　●Colum●　主要な経営指標等について …………………………………… 8
第2問　関係会社の状況 …………………………………………………… 9
第3問　従業員の状況 ……………………………………………………… 14
第4問　生産、受注及び販売の状況 ……………………………………… 18
　●Colum●　生産、受注及び販売の状況について ……………………… 23
第5問　株式の状況 ………………………………………………………… 24
第6問　連結貸借対照表① ………………………………………………… 30
　●Colum●　連結精算表の様式について ………………………………… 35
第7問　連結貸借対照表② ………………………………………………… 36
　●Colum●　連結仕訳集計表について …………………………………… 40
第8問　連結損益計算書 …………………………………………………… 41
第9問　連結包括利益計算書 ……………………………………………… 48
　●Colum●　包括利益の算出方法について ……………………………… 52
第10問　連結株主資本等変動計算書 ……………………………………… 54
第11問　連結キャッシュ・フロー計算書 ………………………………… 58
第12問　連結財務諸表作成のための基本となる重要な事項 …………… 63
第13問　連結貸借対照表関係 ……………………………………………… 71
　●Colum●　連結パッケージで入手する子会社の情報について ……… 75
第14問　連結損益計算書関係、連結包括利益計算書関係、連結
　　　　キャッシュ・フロー計算書関係 ………………………………… 77
第15問　連結株主資本等変動計算書関係 ………………………………… 83
第16問　金融商品関係 ……………………………………………………… 87
　●Colum●　DCF（ディスカウント・キャッシュ・フロー）とは …… 91
第17問　有価証券関係 ……………………………………………………… 92
　●Colum●　有価証券管理表の様式について …………………………… 95
第18問　デリバティブ取引関係 …………………………………………… 96
第19問　退職給付関係 ……………………………………………………… 100

vii

第20問	ストック・オプション等関係①	109
第21問	ストック・オプション等関係②	113
第22問	税効果会計関係①	120
第23問	税効果会計関係②	125
●Colum●	連結税効果会計関係の注記作成のために	129
第24問	税効果会計関係③	130
第25問	セグメント情報等①	133
●Colum●	セグメント情報等で利用される配分基準について	140
第26問	セグメント情報等②	141
第27問	関連当事者情報①	146
第28問	関連当事者情報②	155
第29問	１株当たり情報	159
●Colum●	自己株式の管理台帳について	164
第30問	連結附属明細表	165
●Colum●	資産除去債務の計算方法について	173
第31問	損益計算書	174
第32問	税効果会計関係①	181
●Colum●	繰延税金資産の回収可能性検討シートについて	185
第33問	税効果会計関係②	187
第34問	引当金明細表	192
●Colum●	当期減少額（目的使用）の把握方法について	196
第35問	主な資産及び負債の内容	197

Ⅱ 四半期報告書

第36問	四半期連結財務諸表①	200
第37問	四半期連結財務諸表②	206
第38問	四半期連結財務諸表 注記①	210
第39問	四半期連結財務諸表 注記②	213
●Colum●	四半期連結財務諸表の別掲基準	217

Ⅲ 決算短信

第40問　連結経営成績 ……………………………………………… 218
第41問　連結財政状態 ……………………………………………… 223
第42問　配当の状況 ………………………………………………… 228
第43問　キャッシュ・フロー関連指標 …………………………… 231

Ⅳ 四半期決算短信

第44問　連結経営成績、連結財政状態 …………………………… 236

Ⅴ 会社法

第45問　分配可能利益① …………………………………………… 242
第46問　分配可能利益② …………………………………………… 245
第47問　分配可能利益③ …………………………………………… 249

Ⅵ その他

●Colum●　企業結合会計とは ………………………………………… 255

第1問　Ⅰ 有価証券報告書　連結経営成績

難易度 ★★☆ 普

以下の資料に基づいて、提出会社の有価証券報告書の【主要な経営指標等の推移】に関する各小問に答えなさい。なお、百万円未満の金額等、資料から判明しない事項について考慮する必要はない。

〈資料1〉主要な経営指標等の推移（一部抜粋）
1　【主要な経営指標等の推移】
(1) 連結経営指標等

回　　次		第49期	第50期
決算年月		平成X1年3月	平成X2年3月
売上高	（百万円）	109,773	111,453
経常利益	（百万円）	16,457	17,302
当期純利益	（百万円）	11,506	11,987
包括利益	（百万円）	10,751	11,600
純資産額	（百万円）	54,130	64,369
総資産額	（百万円）	116,059	134,868
1株当たり純資産額	（円）	176.40	210.71
1株当たり当期純利益金額	（円）	38.88	40.51
潜在株式調整後1株当たり当期純利益金額	（円）	—	39.05
自己資本比率	（％）	45.0	（　a　）
自己資本利益率	（％）	19.5	（　b　）
株価収益率	（倍）	16.03	（　c　）
(省略)			
従業員数（外、平均臨時雇用者数）	（名）	4,136 (417)	4,180 (421)

（注）1. 売上高には、消費税等は含まれておりません。
　　　2. 第49期の潜在株式調整後1株当たり当期純利益金額については、潜在株式が存在しないため記載しておりません。

〈資料2〉連結貸借対照表（一部抜粋）

（単位：百万円）

	前連結会計年度 （平成X1年3月31日）	当連結会計年度 （平成X2年3月31日）
（省略）		
純資産の部		
株主資本		
資本金	11,055	11,055
資本剰余金	18,015	18,015
利益剰余金	22,236	32,786
自己株式	△ 1,817	△ 1,747
株主資本合計	49,489	60,109
その他の包括利益累計額		
その他有価証券評価差額金	1,605	536
繰延ヘッジ損益	△ 11	△ 2
為替換算調整勘定	1,114	1,706
その他の包括利益累計額合計	2,708	2,240
新株予約権	270	260
少数株主持分	1,663	1,760
純資産合計	54,130	64,369
負債純資産合計	116,059	134,868

〈資料3〉平成X2年3月期　有価証券報告書【株価の推移】

(1)【最近5年間の事業年度別最高・最低株価】

回次	第46期	第47期	第48期	第49期	第50期
決算年月	平成X-2年3月	平成X-1年3月	平成X0年3月	平成X1年3月	平成X2年3月
最高（円）	650	610	700	690	707
最低（円）	580	510	595	570	565

（注）最高・最低株価は、東京証券取引所市場第一部におけるものであります。

(2) 【最近6月間の月別最高・最低株価】

月別	平成X1年10月	11月	12月	平成X2年1月	2月	3月
最高（円）	701	680	691	687	702	693
最低（円）	575	578	595	600	602	595

（注）最高・最低株価は、東京証券取引所市場第一部におけるものであります。

〈資料4〉株価時系列データの一部

日　付	始値（円）	高値（円）	安値（円）	終値（円）	出来高
平成X2年3月30日	631	691	609	666	2,761,000
平成X2年3月31日	660	692	653	673	2,108,000
平成X2年4月1日	670	705	655	667	2,463,000

小問1　〈資料1〉の空欄（　a　）の自己資本比率を答えなさい。なお、解答に当たり端数が生じる場合には、小数点以下第2位を四捨五入し第1位まで求めること。

　　　　自己資本比率　　[　　　]　％

小問2　〈資料1〉の空欄（　b　）の自己資本利益率を答えなさい。なお、解答に当たり端数が生じる場合には、小数点以下第2位を四捨五入し第1位まで求めること。

　　　　自己資本利益率　[　　　]　％

小問3　〈資料1〉の空欄（　c　）の株価収益率を答えなさい。なお、解答に当たり端数が生じる場合には、小数点以下第3位を四捨五入し第2位まで求めること。

　　　　株価収益率　　　[　　　]　倍

解答・解説

本問は、有価証券報告書の【主要な経営指標等の推移】に記載する経営指標の計算方法を問う問題である。経営指標については、開示府令第二号様式記載上の注意(25)に計算方法が規定されている。

小問1

解答： 自己資本比率　　46.2　％

解説： 自己資本比率は以下の計算式で求めることができる。

$$自己資本比率 = \frac{期末自己資本}{総資産額} \times 100$$

計算に用いる自己資本は、純資産額をそのまま用いるのではなく、純資産額から新株予約権及び少数株主持分（連結の場合）を控除した額を利用することに注意しよう。また、自己資本比率を計算する場合の自己資本は、期末時点の値を用いるのが適当である。これは、自己資本比率は期末という一時点（ストック）における割合を示す指標であるためである。

期末自己資本＝純資産額64,369百万円－新株予約権260百万円
　　　　　　－少数株主持分1,760百万円＝62,349百万円

$$自己資本比率 = \frac{期末自己資本 62,349百万円}{総資産額 134,868百万円} \times 100$$

　　　　　　＝46.22…
　　　　　　＝46.2％（解答）

小問2

解答： 自己資本利益率　　20.9　％

解説： 自己資本利益率は以下の計算式で求めることができる。

$$自己資本利益率 = \frac{当期純利益}{(期首自己資本＋期末自己資本) \div 2} \times 100$$

計算に用いる自己資本の算定方法は自己資本比率の場合と同様である。また、自己資本利益率を求める際の自己資本は、期首・期末の平均値を用いるのが適当であるとされている。これは、自己資本利益率は一会計期間（フロー）における割合を示す指標であるためである。

$$期首自己資本 = 純資産額54,130百万円 - 新株予約権270百万円$$
$$- 少数株主持分1,663百万円 = 52,197百万円$$

$$自己資本利益率 = \frac{当期純利益11,987百万円}{(期首自己資本52,197百万円 + 期末自己資本62,349百万円) \div 2} \times 100$$
$$= 20.92\cdots$$
$$= 20.9\%（解答）$$

小問3

解答： 株価収益率　| 16.61 |　倍

解説： 株価収益率は以下の計算式で求めることができる。

$$株価収益率 = \frac{株価}{1株当たり当期純利益金額}$$

　計算に用いる株価は期末日のものであるため、〈資料4〉における平成X2年3月31日の終値を利用することになる。〈資料3〉はダミーデータであることに注意しよう。なお、期末日の株価がない場合は、期末日前直近の日における株価を用いて計算を行う。また、分母の1株当たり当期純利益金額に代えて潜在株式調整後1株当たり当期純利益金額を用いることもできるが、その場合は、その旨を付記する。設問では当該付記があるか判明しないため、考慮する必要はない。

$$株価収益率 = \frac{株価673円}{1株当たり当期純利益金額40.51円}$$
$$= 16.613\cdots$$
$$= 16.61倍（解答）$$

●Column 主要な経営指標等の推移について

【主要な経営指標等の推移】は、連結と個別に関する主要な経営指標等を一覧表示にしたものであり、一般的に「ハイライト情報」と呼ばれている。設問では省略しているが、最近5連結会計年度の経営指標等を記載することとされている。開示に先立ち、最終の(連結)財務諸表の金額が正しく転記されているかをチェックしよう。

【主要な経営指標等の推移】に記載される経営指標等は下記のとおりである(○が記載項目。連結財務諸表作成会社が前提)。

経営指標等	連結経営指標等	提出会社の経営指標等	チェックポイント
売上高	○	○	・(連結)損益計算書と一致しているか?
経常利益	○	○	・(連結)損益計算書と一致しているか?
当期純利益	○	○	・(連結)損益計算書と一致しているか?
包括利益	○	―	・連結包括利益計算書と一致しているか? ・マイナス(△)でも「包括利益」と表示しているか?
資本金	―	○	・(連結)貸借対照表と一致しているか?
発行済株式総数	―	○	・【株式等の状況】の下記箇所と一致しているか? ①【株式の総数等】の【発行済株式】の「事業年度末現在発行数」 ②【発行済株式総数、資本金等の推移】の「発行済株式総数残高」 ③【議決権の状況】の【発行済株式】の「発行済株式総数」 ・(連結株主資本等変動計算書関係)の発行済株式に関する事項における「当連結会計年度末」に記載の株式数と一致しているか?
純資産額	○	○	・(連結)貸借対照表と一致しているか?
総資産額	○	○	・(連結)貸借対照表と一致しているか?

1株当たり純資産額	○	○	・適切な数値を用いて算定しているか？ ・（1株当たり情報）の記載と一致しているか？
1株当たり配当額 （1株当たり中間配当額）	—	○	・【配当政策】の記載と一致しているか？ ・（連結株主資本等変動計算書関係）の配当に関する事項における「1株当たり配当額」に記載の金額と一致しているか？（特に、基準日が当期に属する配当が対象である点がポイントである）
1株当たり当期純利益金額	○	○	・適切な数値を用いて算定しているか？ ・（1株当たり情報）の記載と一致しているか？
潜在株式調整後1株当たり当期純利益金額	○	○	・適切な数値を用いて算定しているか？ ・（1株当たり情報）の記載と一致しているか？
自己資本比率	○	○	・適切な数値を用いて算定しているか？
自己資本利益率	○	○	・適切な数値を用いて算定しているか？
株価収益率	○	○	・適切な数値を用いて算定しているか？
配当性向	—	○	・適切な数値を用いて算定しているか？
営業活動によるキャッシュ・フロー	○	—	・連結キャッシュ・フロー計算書と一致しているか？
投資活動によるキャッシュ・フロー	○	—	・連結キャッシュ・フロー計算書と一致しているか？
財務活動によるキャッシュ・フロー	○	—	・連結キャッシュ・フロー計算書と一致しているか？
現金及び現金同等物の期末残高	○	—	・連結キャッシュ・フロー計算書と一致しているか？
従業員数［外、平均臨時雇用人員］	○	○	・【従業員の状況】の記載と一致しているか？

Ⅰ 有価証券報告書

● Column　主要な経営指標等について ●

計算を要する指標の算定式は、下記のとおりである。

1. 連結経営指標等及び提出会社の経営指標等の共通の記載指標

$$1株当たり純資産額（円）＝\frac{普通株式に係る期末の純資産額}{期末発行済株式数}$$

$$1株当たり当期純利益金額（円）＝\frac{普通株式に係る当期純利益}{普通株式の期中平均株式数}$$

$$潜在株式調整後1株当たり当期純利益金額（円）＝\frac{普通株式に係る当期純利益}{期中平均株式数＋普通株式増加数}$$

$$自己資本比率（％）＝\frac{期末自己資本}{総資産額}×100$$

$$自己資本利益率（％）＝\frac{当期純利益}{（期首自己資本＋期末自己資本）÷2}×100$$

$$株価収益率（倍）＝\frac{株価}{1株当たり当期純利益金額}$$

2. 提出会社の経営指標等に特有の記載指標

$$配当性向（％）＝\frac{1株当たり配当額}{1株当たり（連結）当期純利益金額}×100$$

第2問 Ⅰ 有価証券報告書
関係会社の状況

難易度 ★★☆ 普

以下の資料に基づいて、提出会社の有価証券報告書の【関係会社の状況】に関する各小問に答えなさい。なお、解答に当たり端数が生じる場合には、小数点以下を切り捨てて解答すること。また、百万円未満の金額等、資料から判明しない事項について考慮する必要はない。

〈資料1〉関係会社の状況（一部抜粋）
4 【関係会社の状況】

名　称	住　所	資本金（百万円）	主要な事業の内容	議決権の所有（又は被所有）割合（％）	関係内容
(　　) [　　] (注) 3	静岡県三島市	5,000	産業機械	100	当社が販売する一部の製品の製造 役員の兼任あり
[　　] (注) 3	アメリカカリフォルニア州	3,000 (30百万US$)	産業機械	100 [100]	当社が販売する一部の製品の製造 役員の兼任あり
[　　] (注) 3	長野県諏訪市	3,000	電子部品	100	当社が販売する一部の製品の製造 役員の兼任あり
[　　] (注) 3、4、5	神奈川県横浜市	3,454	電子部品販売	60	なし 役員の兼任あり
[　　] (注) 3	愛知県名古屋市	2,000	その他	100	不動産の賃貸 役員の兼任あり
(　　) [　　]	岩手県北上市	1,720	産業機械	25	当社が販売する一部の製品の製造
[　　]	大阪府大阪市	100	電子部品販売	25	なし
(　　) [　　]	東京都中央区	70,467	産業機械	被所有20	産業機械の販売等

(注) 1. 「主要な事業の内容」欄には、セグメント情報に記載された名称を記載しております。
2. 「議決権の所有（又は被所有）割合」欄の［内書］は間接所有であります。
3. (　　) であります。
4. 有価証券報告書の提出会社であります。
5. 売上高（連結会社相互間の内部売上高を除く）の連結売上高に占める割合が（　　）％を超えておりますが、当該連結子会社は、有価証券報告書の提出会社であるため、主要な損益情報等の記載を省略しております。

〈資料2〉平成X2年3月期の提出会社の子会社等に関するデータ

No.	名称	区　　分	売上高（※）（百万円）
1	Z社	持分法非適用会社	120,248
2	B社	連結子会社	1,965
3	C社	連結子会社	1,565
4	D社	連結子会社	1,087
5	E社	連結子会社	11,345
6	F社	連結子会社	606
7	G社	非連結子会社	566
8	H社	非連結子会社	397
9	I社	持分法適用関連会社	1,055
10	J社	持分法適用関連会社	965
11	K社	持分法非適用関連会社	326

（※）連結会社相互間の内部売上高を除いている。

小問1 〈資料2〉に記載の会社のうち、【関係会社の状況】の記載対象外の会社のNo.を合計するといくらになるか答えなさい。なお、重要性の乏しい会社はないものとする。

　　　　No.の合計　　　　[　　　　]

小問2 特定子会社の判定の基準を資本金の額とする場合、〈資料1〉に記載の会社のうち、特定子会社に該当する会社の資本金を合計するといくらになるか答えなさい。なお、提出会社の平成X2年3月末における資本金の額は11,050百万円である。

　　　　資本金の合計金額　　　　[　　　　]百万円

小問3 主要な損益情報等の記載の判定基準となる金額を答えなさい。なお、提出会社の平成X2年3月期の連結売上高は111,453百万円である。

　　　　判定金額　　　　[　　　　]百万円超

解答・解説

本問は、有価証券報告書の【関係会社の状況】に記載する会社の範囲や脚注すべき事項の判定に関する問題である。【関係会社の状況】に記載する事項については、開示府令第二号様式記載上の注意（28）に規定されている。

小問1

解答： No.の合計　　26

解説： 【関係会社の状況】に記載される会社は以下のとおりである。

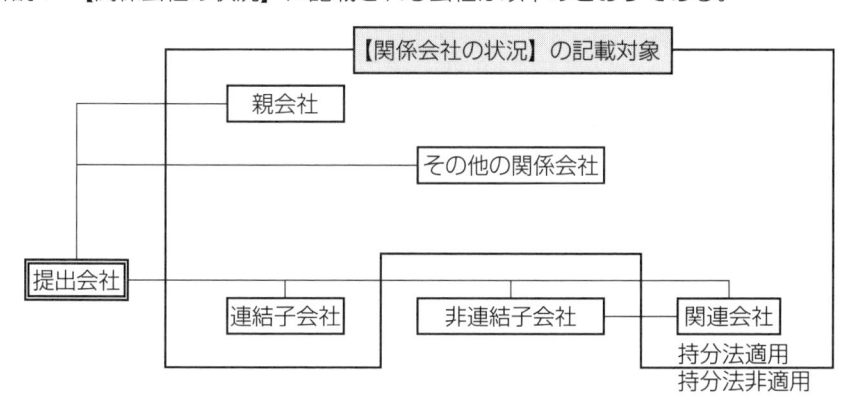

```
                  【関係会社の状況】の記載対象
          ┌──────────────────────────────────┐
          │   親会社                          │
          │              その他の関係会社    │
提出会社  │                                  │
          │   連結子会社   非連結子会社  関連会社 │
          └──────────────────────────────────┘
                                    持分法適用
                                    持分法非適用
```

したがって、資料上ではG社（No.7）、H社（No.8）及びK社（No.11）が記載の対象外となるため、No.の合計は26（＝7＋8＋11）となる。

小問2

解答： 資本金の合計金額　　16,454　百万円

解説： 特定子会社とは、以下に掲げる特定関係のいずれか一以上に該当する子会社のことである。

一　提出会社の最近事業年度に対応する期間において、提出会社に対する売上高総額又は仕入高総額が、提出会社の仕入高総額又は売上高総額の10％以上である場合

二　提出会社の最近事業年度の末日（当該事業年度と異なる事業年度を採用している会社の場合には、当該会社については、当該末日以前に終了した直近の事業年度の末日）において、純資産額が提出会社の純資産額の30％以上に相当する場合（提出会社の負債総額が資産総額以上である場合を除く）

三　資本金の額（相互会社においては基金等の総額）又は出資の額が、提出

会社の資本金の額（相互会社においては基金等の総額）の10％以上に相当する場合

　本問では資本金の額を基準に特定子会社の判定をすることになる。
　提出会社の資本金は11,050百万円であるため、1,105百万円（＝11,050百万円×10％）以上の資本金である子会社が特定子会社に該当することになる。【関係会社の状況】の議決権の所有又は被所有割合欄の記載と資料データから、連結子会社B社、C社、D社、E社及びF社の5社について資本金が記載されていることが判明する（（注）3の会社）。いずれの資本金も1,105百万円以上であるため、5社すべてが特定子会社に該当することになる。したがって、資本金の合計は16,454百万円（＝5,000百万円＋3,000百万円＋3,000百万円＋3,454百万円＋2,000百万円）となる。なお、特定子会社に該当する関係会社があるときは、その旨を記載するとされている。

小問3

解答：　判定金額　　　11,145　　百万円超

解説：　当連結会計年度における連結売上高に占める連結子会社の売上高（連結会社相互間の内部売上高を除く）の割合が10％を超える場合、その旨及び主要な損益状況等を記載することとされている。ただし、以下の場合、その理由を明記した上で主要な損益状況等の記載を省略できる。

① 当該連結子会社が、有価証券届出書又は有価証券報告書を提出している場合
② 当連結会計年度におけるセグメント情報の売上高に占める当該連結子会社の売上高（セグメント間の内部売上高又は振替高を含む）の割合が90％を超える場合

　したがって、11,145百万円（＝連結売上高111,453百万円×10％）を超える売上高の連結子会社について主要な損益情報等の記載が必要となる。
　本問では、E社の売上高が11,145百万円を超えているが、有価証券報告書を提出しているため、主要な損益情報等の記載は不要である。
　なお、〈資料1〉を完成させると、以下のとおりとなる。

4 【関係会社の状況】

名称	住所	資本金（百万円）	主要な事業の内容	議決権の所有（又は被所有）割合（％）	関係内容
（連結子会社） B社 （注）3	静岡県三島市	5,000	産業機械	100	当社が販売する一部の製品の製造 役員の兼任あり
C社 （注）3	アメリカカリフォルニア州	3,000 (30百万US$)	産業機械	100 [100]	当社が販売する一部の製品の製造 役員の兼任あり
D社 （注）3	長野県諏訪市	3,000	電子部品	100	当社が販売する一部の製品の製造 役員の兼任あり
E社 （注）3, 4, 5	神奈川県横浜市	3,454	電子部品販売	60	なし 役員の兼任あり
F社 （注）3	愛知県名古屋市	2,000	その他	100	不動産の賃貸 役員の兼任あり
（持分法適用関連会社） I社	岩手県北上市	1,720	産業機械	25	当社が販売する一部の製品の製造
J社	大阪府大阪市	100	電子部品販売	25	なし
（その他の関係会社） Z社	東京都中央区	70,467	産業機械	被所有 20	産業機械の販売等

（注）1.「主要な事業の内容」欄には、セグメント情報に記載された名称を記載しております。
2.「議決権の所有（又は被所有）割合」欄の［内書］は間接所有であります。
3. 特定子会社であります。
4. 有価証券報告書の提出会社であります。
5. 売上高（連結会社相互間の内部売上高を除く）の連結売上高に占める割合が10％を超えておりますが、当該連結子会社は、有価証券報告書の提出会社であるため、主要な損益情報等の記載を省略しております。

第3問 I 有価証券報告書
従業員の状況

難易度 ★★☆ 普

以下の資料に基づいて、提出会社の有価証券報告書の【従業員の状況】に関する各小問に答えなさい。なお、資料から判明しない事項について考慮する必要はない。

〈資料1〉従業員の状況（一部抜粋）
【従業員の状況】
(1) 連結会社の状況

平成X2年3月31日現在

セグメントの名称	従業員数（名）
産業機器	××× （×××）
測定機器	×××
電子部品	×××
その他	×××
全社（共通）	××× （×××）
合計	（ b ） （×××）

(注) 1. 従業員数は、当社グループから当社グループ外への出向者を除き、当社グループ外から当社グループへの出向者を含む就業人員数であります。
2. 従業員数欄の（外書）は、臨時従業員の年間平均雇用人員（1日8時間換算）であります。
3. 臨時従業員は、パートタイマー及び派遣社員であります。
4. 全社（共通）は、管理部門に所属している従業員であります。

(2) 提出会社の状況

平成X2年3月31日現在

従業員数（名）	平均年齢（歳）	平均勤続年数（年）	平均年間給与（円）
（ a ）（×××）	38.7	12.6	6,542,136

セグメントの名称	従業員数（名）
産業機器	××× (×××)
測定機器	×××
電子部品	×××
その他	×××
全社（共通）	××× (×××)
合計	（　a　） (×××)

(注) 1. 従業員数は、当社から他社への出向者を除き、他社から当社への出向者を含む就業人員数であります。
2. 従業員数欄の（外書）は、臨時従業員の年間平均雇用人員（1日8時間換算）であります。
3. 臨時従業員は、パートタイマー及び派遣社員であります。
4. 平均年間給与（税込）は、賞与及び基準外賃金を含め、ストックオプションによる株式報酬費用は除いております。
5. 全社（共通）は、管理部門に所属している従業員であります。

(3) 労働組合の状況

　当社及びその他の連結子会社においては、労働組合は組織されておりません。

〈資料2〉人事部が作成した提出会社グループの従業員数（平成X2年3月末現在）

（単位：名）

会社名	区分	3月末現在在籍人員 人員数	出向者 国内	出向者 海外	合計	その他 パートタイマー	その他 派遣社員	その他 グループ外からの出向者	合計	総合計
A社	当社	1,860	35	11	1,906	67	129	80	276	2,182
Z社	持分法非適用会社	3,027	102	97	3,226	105	204	332	641	3,867
B社	連結子会社	335	21	5	361	19	23	45	87	448
C社	連結子会社	228	18	14	260	9	18	38	65	325
D社	連結子会社	397	15	7	419	11	25	37	73	492
E社	連結子会社	741	29	9	779	23	53	95	171	950
F社	連結子会社	298	8	11	317	20	24	26	70	387
G社	非連結子会社	301	16	11	328	19	37	31	87	415
H社	非連結子会社	188	3	7	198	8	6	11	25	223
I社	持分法適用関連会社	201	4	5	210	11	12	9	32	242
J社	持分法適用関連会社	101	12	2	115	21	17	5	43	158
K社	持分法非適用関連会社	95	6	1	102	8	11	7	26	128
計		7,772	269	180	8,221	321	559	716	1,596	9,817

小問1 〈資料1〉の空欄（ a ）の提出会社の従業員数を答えなさい。
　　　提出会社の従業員数　　　　　　　名

小問2 〈資料1〉の空欄（ b ）の連結会社の従業員数を答えなさい。
　　　連結会社の従業員数　　　　　　　名

小問3 連結会社の状況では臨時従業員の総数が（ c ）名以上であるため、当連結会計年度末までの1年間の平均雇用人員を外書きで記載している。
　　　（ c ）に入る人数を答えなさい。
　　　基準となる人数　　　　　　　名

解答・解説

本問は、有価証券報告書の【従業員の状況】に記載する従業員数等の算出方法を問う問題である。記載にあたっては、連結子会社から従業員数等に関する情報を入手する必要がある。また、従業員の定義や臨時従業員の範囲を規定し、集計ルールを明確化しておくことが重要となる。

小問1
解答： 提出会社の従業員数　　1,940　名

解説： 【従業員の状況】に記載対象となる従業員数は就業人員数を意味するので、出向者は出向先においてカウントし、出向元では従業員数に含めない。一方で、連結グループ外部から連結会社への出向者は連結会社における従業員数に含めることになる。本問では提出会社の従業員数を問うているため、提出会社における出向者以外の人員数と、グループ外から提出会社への出向者の合計人数が解答となる。

出向者以外の人員数1,860名＋グループ外からの出向者80名
＝1,940名（解答）

小問2
解答： 連結会社の従業員数　　4,180　名

解説： 考え方は 小問1 と同様である。なお、【従業員の状況】に記載対象となるのは、提出会社及び連結子会社の従業員数である。したがって、提出会社及び連結子会社における以下の人員数が解答となる。

出向者以外の人員数（1,860名＋335名＋228名＋397名＋741名＋298名）＋グループ外からの出向者（80名＋45名＋38名＋37名＋95名＋26名）
＝4,180名（解答）

小問3
解答： 基準となる人数　　418　名

解説： 臨時従業員が相当数以上である場合は、当連結会計年度末までの1年間の平均雇用人員を外書きで記載するが、臨時従業員の総数が従業員の10%未満であるときは、記載を省略することができる。

したがって、記載の基準となる臨時従業員数は 小問2 で求めた連結会社の従業員数から以下のように計算できる。

連結会社の従業員数4,180名×10％＝418名（解答）

第4問　Ⅰ　有価証券報告書
生産、受注及び販売の状況

難易度　★★☆　普

以下の資料に基づいて、提出会社の有価証券報告書の【生産、受注及び販売の状況】に関する各小問に答えなさい。なお、百万円未満の金額等、資料から判明しない事項について考慮する必要はない。

〈資料1〉生産、受注及び販売の状況（一部抜粋）
【生産、受注及び販売の状況】
(1) 生産実績
　当連結会計年度の生産実績をセグメントごとに示すと、次のとおりであります。

セグメントの名称	生産高（百万円）	前年同期比（％）
産業機器	×××	（ a ）
測定機器	×××	×××
電子部品	×××	×××
合計	×××	×××

（注）1.「その他事業」では生産活動を行っていないため、該当事項はありません。
　　　2. 金額は、販売価格によっております。
　　　3. 上記の金額には、消費税等は含まれておりません。

(2) 受注実績
　当連結会計年度の受注実績をセグメントごとに示すと、次のとおりであります。

セグメントの名称	受注高（百万円）	前年同期比（％）	受注残高（百万円）	前年同期比（％）
産業機器	49,000	×××	16,000	×××
測定機器	36,000	（ b ）	14,000	×××
電子部品	27,000	×××	13,300	×××
合計	112,000	×××	43,300	×××

（注）1.「その他事業」では受注業務を行っていないため、該当事項はありません。
　　　2. セグメント間取引については、相殺消去しております。
　　　3. 上記の金額には、消費税等は含まれておりません。

(3) 販売実績

当連結会計年度の販売実績をセグメントごとに示すと、次のとおりであります。

セグメントの名称	販売高（百万円）	前年同期比（％）
産業機器	×××	×××
測定機器	×××	×××
電子部品	×××	×××
その他	×××	×××
合計	×××	59.7

(注) 1. セグメント間取引については、相殺消去しております。
2. 主な相手先別の販売実績及び当該販売実績の総販売実績に対する割合

前連結会計年度			当連結会計年度		
相手先	販売高（百万円）	割合（％）	相手先	販売高（百万円）	割合（％）
―	―	―	(株)LMN	(c)	15.9

3. 前連結会計年度の「主な相手先別の販売実績及び当該販売実績の総販売実績に対する割合」は、すべての取引先の当該割合が100分の10未満のため記載しておりません。
4. 上記の金額には、消費税等は含まれておりません。

〈資料2〉 生産高に関するデータ

会社名	主要な事業の内容	平成X1年3月期			平成X2年3月期		
		生産量(t)	販売量(t)	販売価格(円/kg)	生産量(t)	販売量(t)	販売価格(円/kg)
B社	産業機器	10,800	11,700	2,500	11,080	12,400	2,500
C社	産業機器	9,000	9,300	2,000	12,500	13,560	1,600
D社	測定機器	12,000	11,300	2,500	11,000	11,400	3,000
E社	電子部品	5,000	4,300	5,000	7,500	7,600	4,000

※販売価格は消費税抜きである。

〈資料3〉平成X1年3月期の受注実績の注記
(2) 受注実績
　　当連結会計年度の受注実績をセグメントごとに示すと、次のとおりであります。

セグメントの名称	受注高（百万円）	前年同期比（％）	受注残高（百万円）	前年同期比（％）
産業機器	35,000	35.5	17,000	23.5
測定機器	30,000	12.0	16,000	7.6
電子部品	10,000	140.6	8,800	16.6
合計	75,000	32.1	41,800	15.5

(注) 1.「その他事業」では受注業務を行っていないため、該当事項はありません。
　　 2. セグメント間取引については、相殺消去しております。
　　 3. 上記の金額には、消費税等は含まれておりません。

〈資料4〉【セグメント情報】に記載の報告セグメントごとの売上高、利益又は損失、資産、負債その他の項目の金額に関する情報（一部抜粋）

当連結会計年度（自　平成X1年4月1日　至　平成X2年3月31日）

（単位：百万円）

	報告セグメント 産業機器	報告セグメント 測定機器	報告セグメント 電子部品	その他	合計	調整額	連結財務諸表計上額
売上高 外部顧客への売上高	50,000	38,000	22,500	953	111,453	—	111,453
セグメント間の内部売上高又は振替高	996	—	—	133	1,129	△1,129	—
計	50,996	38,000	22,500	1,086	112,582	△1,129	111,453
（省略）						

小問1 〈資料1〉の空欄（ a ）の前年同期比を答えなさい。なお、解答に当たり端数が生じる場合には、小数点以下第2位を四捨五入し第1位まで求めること。

　　　　前年同期比　　[　　　　]　％

小問2 〈資料1〉の空欄（ b ）の前年同期比を答えなさい。なお、解答に当たり端数が生じる場合には、小数点以下第2位を四捨五入し第1位まで求めること。

　　　　前年同期比　　[　　　　]　％

小問3 〈資料1〉の空欄（ c ）の販売高を答えなさい。なお、解答に当たり端数が生じる場合には、小数点以下を切り捨てること。

　　　　販売高　　[　　　　]　百万円

解答・解説

本問は、有価証券報告書の【生産、受注及び販売の状況】に記載する数値を問う問題である。生産実績に記載される生産高や受注実績に記載される受注高及び受注残高は、(連結)財務諸表と数値が直接つながることは少ないと考えられることから、専用の内部管理資料を作成しておくことが重要となる。

小問1

解答： 前年同期比　|　6.0　|　％

解説：〈資料2〉の生産高に関するデータから平成X1年3月期と平成X2年3月期の生産高を求め、前期比を計算する。

平成X1年3月期生産量：
10,800t×2,500円/kg＋9,000t×2,000円/kg ＝45,000百万円

平成X2年3月期生産量：
11,080t×2,500円/kg＋12,500t×1,600円/kg＝47,700百万円

前年同期比：
(47,700百万円－45,000百万円)÷45,000百万円×100＝6.0％（解答）

小問2

解答： 前年同期比　|　20.0　|　％

解説：〈資料3〉の平成X1年3月期の受注実績の注記から前年同期比を計算する。

(当年度受注高36,000百万円－前年度受注高30,000百万円)
÷前年度受注高30,000百万円×100＝20.0％（解答）

小問3

解答： 販売高　|　17,721　|　百万円

解説：総販売実績に対する販売実績の割合が10％以上の販売先（主要な販売先）については、最近2連結会計年度又は最近2事業年度における販売実績及び当該販売実績の総販売実績に対する割合を記載する。したがって、総販売実績に対する販売実績の割合が10％未満の販売先であれば、記載を省略することができる。なお、総販売実績は〈資料4〉の連結財務諸表計上額となる。

当期連結売上高111,453百万円×15.9％＝17,721.027百万円
　　　　　　　　　　　　　　　　　　＝17,721百万円（解答）

●Column　生産、受注及び販売の状況について

　有価証券報告書の【生産、受注及び販売の状況】は、当連結会計年度における生産、受注及び販売の実績について、セグメント情報と関連付けた上で、前年同期との比較を記載したものである。したがって、〈資料2〉のように、セグメントごとに区分して関連データをまとめておくと注記を効率的に作成できるであろう。

　なお、会社によっては、受注生産形態をとらない製品を扱っていたりするケース等もあることから、開示府令第二号様式記載上の注意（31）では、業種・業態により生産、受注及び販売の実績をセグメント情報と関連付けて記載することが難しい場合には、【業績等の概要】の記載に含めて生産、受注及び販売の状況を記載することができるとされており、実際にそのような記載を行っているケースも多い。

　また、注記作成の際の悩みの種としては、（連結）財務諸表との整合性を図りにくいという点も挙げられるだろう。生産実績に記載される生産高や受注実績に記載される受注高及び受注残高は、（連結）財務諸表と数値が直接つながることは少ないと考えられるからである。

　ここで、すべてのケースに当てはまるわけではないが、受注及び販売の関連数値に関しては概ね以下の計算式で検証可能であり、注記の検証の際に参考にしてほしい。

　　前期受注残高＋当期受注実績－当期販売実績≒当期受注残高

　また、販売実績のセグメントごとの数値は、（セグメント情報等）の注記における「報告セグメントごとの売上高、利益又は損失、資産、負債その他の項目の金額に関する情報」の外部顧客への売上高と一致することも押さえておこう。

第5問 Ⅰ 有価証券報告書 株式の状況

難易度 ★★☆ 普

以下の資料に基づいて、提出会社の有価証券報告書の【提出会社の状況】における【株式等の状況】（一部抜粋）に関する各小問に答えなさい。なお、資料から判明しない事項について考慮する必要はない。

〈資料1〉株式等の状況（一部抜粋）
(6)【所有者別状況】

平成X2年3月31日現在

区分	株式の状況（1単元の株式数100株）									単元未満株式の状況（株）
	政府及び地方公共団体	金融機関	金融商品取引業者	その他の法人	外国法人等		個人その他	計	
					個人以外	個人			
株主数（人）	1	41	18	132	159	12	9,665	10,028	―
所有株式数（単元）	28	60,552	20,643	150,339	38,104	56	(a)	( )	( )
所有株式数の割合（％）	0.01	20.13	6.86	49.97	( )	0.02	( )	100.00	―

（注）1. 自己株式（　）株は、「個人その他」欄に（　）単元、「単元未満株式の状況」欄に22株含まれております。
2. 上記「その他の法人」欄には、証券保管振替機構名義の株式が2単元含まれております。

(7) 【大株主の状況】

平成X2年3月31日現在

氏名又は名称	住　所	所有株式数（株）	発行済株式総数に対する所有株式数の割合（％）
Ｚ（株）	東京都△区△2-2-3	6,021,000	（　）
○○信託銀行（株）	東京都△区△1-7-3	1,809,100	（　）
（株）○○銀行	東京都△区△8-1-1	1,517,043	（　）
○○商事（株）	東京都△区△4-15-1	1,225,028	（　）
○○物産（株）	大阪市△区△2-3	1,209,933	（　）
（株）○○製作所	東京都△区△1-3-10	1,107,697	（　）
○○工業（株）	大阪市△区△4-22	1,002,056	（　）
（株）○○ホールディングス	東京都△区△5-13-11	981,001	（　）
○○銀行（株）	東京都△区△1-1-3	734,841	（　）
○○　三郎	東京都△区	619,690	（　）
計	－	16,227,389	（　）

(注)（省略）

(8) 【議決権の状況】

① 【発行済株式】

平成X2年3月31日現在

区　分	株式数（株）		議決権の数（個）	内容
(省略)				
完全議決権株式（自己株式等）	（自己保有株式）普通株式	（　）	(省略)	(省略)
完全議決権株式（その他）	普通株式	（ b ）		
単元未満株式	普通株式	（　）		
発行済株式総数		（　）		
総株主の議決権			－	

(注) 1.「完全議決権株式（その他）」欄の普通株式には、証券保管振替機構名義の株式が200株（議決権2個）含まれております。
　　 2.「単元未満株式」欄の普通株式には、当社所有の自己株式22株が含まれております。

25

② 【自己株式等】

平成X2年3月31日現在

所有者の氏名又は名称	所有者の住所	自己名義所有株式数（株）	他人名義所有株式数（株）	所有株式数の合計（株）	発行済株式総数に対する所有株式数の割合（%）
（自己保有株式）A社	（省略）	259,300	—	259,300	0.9
計		259,300	—	259,300	0.9

〈資料2〉信託銀行から入手した平成X2年3月31日現在の所有者別統計表の一部

単元株式数：100株

所有者区分	全株主 株主数（人）	全株主 株式数（株）	単元株所有株主 株主数（人）	単元株所有株主 単元株式数（株）	単元未満株所有株主 単元未満株式数（株）
1. 政府・地方公共団体	1	2,800	1	2,800	0
2. 金融機関	44	6,055,250	41	6,055,200	50
3. 証券会社	23	2,064,564	18	2,064,300	264
4. その他の国内法人	146	15,034,148	132	15,033,900	248
5. 外国人					
（個人）	13	5,602	12	5,600	2
（法人）	171	3,810,747	159	3,810,400	347
6. 個人その他	10,356	2,868,289	9,664	2,852,700	15,589
7. 自己名義株式	1	259,322	1	259,300	22

小問1 〈資料1〉の空欄（ a ）の所有株式数（単元）を答えなさい。

所有株式数 ☐ 単元

小問2 〈資料1〉の空欄（ b ）の完全議決権株式（その他）の株式数を答えなさい。

完全議決権株式（その他） ☐ 株

小問3 提出会社の総株主の議決権の個数を答えなさい。

総株主の議決権数 ☐ 個

解答・解説

本問は、有価証券報告書の【株式等の状況】に記載する内容を問う問題である。株主資本等変動計算書の注記事項に記載する内容との整合性についても留意する必要がある。

小問1

解答： 所有株式数　　31,120　単元

解説： 〈資料2〉の「単元株所有株主」の欄から数値の集計を行う。なお、（注）1から「個人その他」欄には自己株式も含まれていることが判明する。

（個人その他2,852,700株＋自己名義株式259,300株）÷1単元株式数100株
＝31,120単元（解答）

小問2

解答： 完全議決権株式（その他）　　29,824,900　株

解説： 完全議決権株式（自己株式等）は、〈資料1〉(8)②【自己株式等】の記載より259,300株と判明する。また、単元未満株式数は、〈資料2〉の「単元未満株所有株主」の欄の「単元未満株式数」を合計することにより16,522株と判明する。また、小問1（ a ）を埋めることにより、所有株式数合計が300,842単元であることが分かるので、発行済株式総数は以下の計算式により30,100,722株と判明する。

所有株式数（単元）300,842単元×1単元株式数100株
＋単元未満株式数16,522株＝30,100,722株
（資料2の全株主欄の株式数を合計して求めてもよい）

したがって、(b) は以下の計算式により求めることができる。

発行済株式総数30,100,722株－完全議決権株式（自己株式等）259,300株
－単元未満株式16,522株＝29,824,900株（解答）

小問3

解答： 総株主の議決権数　　298,249　個

解説： 自己株式と単元未満株式には議決権がないため、これらを除いた単元株式数が総株主の議決権数となる。つまり、小問2で求めた株式数29,824,900株を単元株式数に置き換えた数が総株主の議決権数となる。

29,824,900株÷1単元株式数100株＝298,249個（解答）

なお、〈資料1〉の (6)【所有者別状況】、(7)【大株主の状況】及び (8)【議決権の状況】①【発行済株式】を完成させると、以下のとおりとなる。

(6)【所有者別状況】

平成X2年3月31日現在

区分	株式の状況（1単元の株式数100株）									単元未満株式の状況（株）
^	政府及び地方公共団体	金融機関	金融商品取引業者	その他の法人	外国法人等		個人その他	計	^
^	^	^	^	^	個人以外	個人	^	^	^
株主数（人）	1	41	18	132	159	12	9,665	10,028	―
所有株式数（単元）	28	60,552	20,643	150,339	38,104	56	31,120	300,842	16,522
所有株式数の割合（％）	0.01	20.13	6.86	49.97	12.67	0.02	10.34	100.00	―

（注）1. 自己株式259,322株は、「個人その他」欄に2,593単元、「単元未満株式の状況」欄に22株含まれております。
2. 上記「その他の法人」欄には、証券保管振替機構名義の株式が2単元含まれております。

(7)【大株主の状況】

平成X2年3月31日現在

氏名又は名称	住所	所有株式数（株）	発行済株式総数に対する所有株式数の割合（％）
Ｚ（株）	東京都△区△2-2-3	6,021,000	20.00
○○信託銀行（株）	東京都△区△1-7-3	1,809,100	6.01
（株）○○銀行	東京都△区△8-1-1	1,517,043	5.04
○○商事（株）	東京都△区△4-15-1	1,225,028	4.07
○○物産（株）	大阪市△区△2-3	1,209,933	4.02
（株）○○製作所	東京都△区△1-3-10	1,107,697	3.68
○○工業（株）	大阪市△区△4-22	1,002,056	3.33
（株）○○ホールディングス	東京都△区△5-13-11	981,001	3.26
○○銀行（株）	東京都△区△1-1-3	734,841	2.44
○○　三郎	東京都△区	619,690	2.06
計	―	16,227,389	53.91

（注）（省略）

(8) 【議決権の状況】
① 【発行済株式】

平成X2年3月31日現在

区分	株式数（株）	議決権の数(個)	内容
	(省略)		
完全議決権株式（自己株式等）	（自己保有株式） 普通株式　　　　259,300	—	—
完全議決権株式（その他）	普通株式　　29,824,900	298,249	—
単元未満株式	普通株式　　　　 16,522	—	—
発行済株式総数	30,100,722	—	—
総株主の議決権	—	298,249	—

（注）1.「完全議決権株式（その他）」欄の普通株式には、証券保管振替機構名義の株式が200株（議決権2個）含まれております。
　　　2.「単元未満株式」欄の普通株式には、当社所有の自己株式22株が含まれております。

第6問 Ⅰ 有価証券報告書
連結貸借対照表①

以下の資料に基づいて、当期の【連結貸借対照表】に関する各小問に答えなさい。なお、百万円未満の金額等、資料から判明しない事項について考慮する必要はない。

〈資料1〉連結精算表（一部抜粋）

(単位：百万円)

勘定科目	単純合算	投資と資本の相殺消去	債権と債務の相殺消去	取引高の相殺消去	未実現損益の消去	‥	連結財務諸表
現金及び預金	××××						8,832
受取手形	××××		(×××)				1,942
売掛金	××××		(×××)				30,789
有価証券	××××						8,676
製品	××××						9,599
商品	××××				(×××)		9,054
仕掛品	××××						7,208
原材料	××××						1,940
貯蔵品	××××						353
前払費用	××××						3,312
繰延税金資産	××××		(×××)		×××		4,602
短期貸付金	××××		(×××)				500
未収入金	××××						631
その他	××××						126
貸倒引当金	××××		×××				△192
流動資産合計	××××						87,372
建物	××××						14,500
減価償却累計額	××××						△8,178
構築物	××××						5,766
減価償却累計額	××××						△4,382

機械及び装置	××××						12,598
減価償却累計額	××××						△9,785
車両運搬具	××××						25
減価償却累計額	××××						△8
工具、器具及び備品	××××						4,767
減価償却累計額	××××						△4,131
リース資産	××××						60
減価償却累計額	××××						△20
土地	××××						14,295
建設仮勘定	××××						3,252
有形固定資産合計	××××						28,759
：							

〈資料2〉連結貸借対照表（一部抜粋）

（単位：百万円）

	前連結会計年度 （平成X1年3月31日）	当連結会計年度 （平成X2年3月31日）
資産の部		
流動資産		
現金及び預金	9,490	×××
受取手形及び売掛金	20,744	×××
有価証券	31,167	×××
たな卸資産	14,534	（ a ）
繰延税金資産	4,438	×××
その他	3,273	（ b ）
貸倒引当金	△31	×××
流動資産合計	83,615	×××
固定資産		
有形固定資産		
建物及び構築物（純額）	9,072	×××
機械装置及び運搬具（純額）	3,673	×××
土地	14,295	×××
建設仮勘定	623	×××
その他（純額）	818	（ c ）
有形固定資産合計	28,481	×××

Ⅰ 有価証券報告書

無形固定資産		
のれん	185	×××
その他	175	×××
無形固定資産合計	360	×××
投資その他の資産		
投資有価証券	2,453	×××
繰延税金資産	3,418	×××
その他	2,987	×××
貸倒引当金	△1,242	×××
投資その他の資産合計	7,616	×××
固定資産合計	36,457	×××
資産合計	120,072	134,868

小問1　〈資料2〉の空欄（　a　）のたな卸資産の金額を答えなさい。
　　　　たな卸資産　　　　　　　　　□□□□百万円

小問2　〈資料2〉の空欄（　b　）の流動資産「その他」の金額を答えなさい。
　　　　流動資産「その他」　　　　　□□□□百万円

小問3　〈資料2〉の空欄（　c　）の有形固定資産「その他（純額）」の金額を答えなさい。
　　　　有形固定資産「その他（純額）」　□□□□百万円

解答・解説

本問は、連結貸借対照表の資産の部における区分掲記の基準を問う問題である。区分掲記の基準は以下のとおりである。

分類	区分掲記の基準
① 区分掲記する項目で「その他」に含めて表示できる基準	総資産の100分の1以下
② 「その他」の項目で区分掲記することになる基準	総資産の100分の5超

小問1

解答： たな卸資産　　28,154　百万円

解説： 連結貸借対照表では、「商品及び製品」、「仕掛品」、「原材料及び貯蔵品」として区分掲記する方法のほか、「たな卸資産」として一括掲記する方法も認められている。本問においては一括掲記する方法を採用しているため、連結精算表の製品、商品、仕掛品、原材料、貯蔵品の金額を合計した28,154百万円が記載されることになる。

なお、この場合には連結貸借対照表の注記事項として、「商品及び製品」、「仕掛品」、「原材料及び貯蔵品」の区分に応じてその金額を注記することになる。

(連結貸借対照表関係)
※○　たな卸資産の内訳

	前連結会計年度 （平成X1年3月31日）	当連結会計年度 （平成X2年3月31日）
商品及び製品	省略	18,653百万円
仕掛品		7,208百万円
原材料及び貯蔵品		2,293百万円

小問2

解答： 流動資産「その他」　　4,569　百万円

解説： 連結貸借対照表の「その他」の区分掲記の基準は資産の総額の100分の5を超えるものである。本問の場合、総資産134,868百万円の100分の5である6,743百万円を超えるものが別掲基準の対象となる。そのため、前払費用、短期貸付金、未収入金、その他の金額合計の4,569百万円が流動資産の「その他」として記載されることになる。

小問3

解答： 有形固定資産「その他（純額）」　　676　百万円

解説： 区分掲記する項目は、「建物及び構築物」、「機械装置及び運搬具」、「土地」、「リース資産」及び「建設仮勘定」である。本問での「リース資産」は区分掲記の項目であるが、帳簿価額が40百万円であり資産の総額の100分の1以下であるため「その他」に含めて計上することができる。また、「工具、器具及び備品」については、帳簿価額が636百万円であり、その他の区分掲記基準である資産の総額の100分の5を超えないため、「その他」に含めて計上することになる。そのため、「リース資産（純額）」と「工具、器具及び備品（純額）」の合計676百万円が記載されることになる。

　なお、本問のように、連結貸借対照表上、有形固定資産を純額表示している場合、当該減価償却累計額は、当該各資産の資産科目別に、又は一括して注記することになる。

（連結貸借対照表関係）
※○　有形固定資産の減価償却累計額

	前連結会計年度 （平成X1年3月31日）	当連結会計年度 （平成X2年3月31日）
減価償却累計額	省略	26,504百万円

● Column　連結精算表の様式について

　連結貸借対照表及び連結損益計算書は、①個別財務諸表の合算、②連結消去仕訳で作成される。②の連結消去仕訳を行う際に利用されるワークシートが連結精算表である。連結子会社が少ない会社の場合、連結精算表は、例えば、以下のような表計算ソフトを用いて作成される。なお、連結精算表の作成の際、借方を正の値、貸方を負の値で数値を入力すると容易に検算が可能となる。

〈連結精算表（例）〉

各勘定科目の比率を求めた結果、別掲基準を満たさない場合は、一括掲記することができる。ただし、組替仕訳を通じて資産や負債、収益や費用を純額処理することにより、各勘定科目の比率が変動することがあることに留意が必要

別掲基準のチェック

①個別財務諸表の合算

②連結消去仕訳

合計金額等のチェック欄

第7問 Ⅰ 有価証券報告書 連結貸借対照表②

難易度 ★☆☆ 易

以下の資料に基づいて、経理部長と連結財務諸表作成担当者（以下、担当者）との会話に関する各小問に答えなさい。なお、百万円未満の金額等、資料から判明しない事項について考慮する必要はない。

〈資料1〉連結精算表（一部抜粋）

（単位：百万円）

勘定科目	単純合算	投資と資本の相殺消去	債権と債務の相殺消去	取引高の相殺消去	未実現損益の消去	‥	連結財務諸表
支払手形	××××		×××				6,992
買掛金	××××		×××				1,943
短期借入金	××××		×××				1,500
1年内返済予定の長期借入金	××××						300
リース債務	××××						40
未払金	××××						843
未払費用	××××						475
未払法人税等	××××						4,221
繰延税金負債	××××						―
前受金	××××						100
預り金	××××						60
前受収益	××××						854
賞与引当金	××××						1,855
製品保証引当金	××××						1,266
資産除去債務	××××						413
仮受金	××××						43
⋮							⋮
負債及び純資産合計							134,868

〈資料2〉経理部長と担当者の会話

担 当 者：部長、連結精算表の作成が終わりました！
　　　　　これから公表用の連結財務諸表の作成を行いたいと思います。
経理部長：決算短信の発表まで数日しかない。すぐに公表用の連結財務諸表の作成に取り掛かってくれたまえ。
担 当 者：……。
経理部長：どうした？
担 当 者：……。
　　　　　部長、実は公表用の連結財務諸表を作成したことがなく……、何を基準にして作成すればよいのでしょうか？
経理部長：連結財務諸表の開示に際しては、『連結財務諸表規則・同ガイドライン』で規定されている。

（中略）

経理部長：連結貸借対照表の流動負債については、連結財務諸表規則第37条1項に区分表示するものが記載されている。個別の貸借対照表では、「支払手形」と「買掛金」を区分表示することになっていたが、連結貸借対照表では「支払手形及び買掛金」として8,935百万円と表示することになる。
担 当 者：なるほど、第37条では、「支払手形及び買掛金」になっていますね。また、同条においては、その他に「短期借入金」「リース債務」「未払法人税等」「繰延税金負債」「引当金」「資産除去債務」「その他」とありますね。これらの勘定科目は連結貸借対照表で区分表示することになるのですね。
　　　　　それでは早速作成に。
経理部長：待て待て。
　　　　　上記の項目は区分表示することになるが、重要性の基準があり（　a　）百万円以下のものについては「その他」に含めて表示することができる。そのため、「リース債務」と「資産除去債務」については区分表示する必要はない。
担 当 者：開示に係る重要性の基準があるのですね。それでは逆に「その他」のもので区分表示することになる基準もあるのですか？
経理部長：良い質問だな。
　　　　　その基準は、同条第5項において定められている。そのため、（　b　）百万円を超えるものがあれば、当該負債を示す名称で区分表示することになる。

担 当 者：分かりました！
　　　　　ちなみに、「製品保証引当金」はどうなるのでしょうか？
　　　　　製品保証引当金は負債及び純資産の合計額に占める割合が（　c　）％であり区分表示する必要性がないと思いますが……。
経理部長：引当金については、同条第4項において「その金額が少額なもので」とあり、上記みたいな数値基準は設けられていない。当社は、他の項目と一緒にして表示することは妥当でないと考えて、継続的に区分表示している。

（中略）

経理部長：以上で説明が終わるが、何か質問は？
担 当 者：もう大丈夫です。ありがとうございました。
　　　　　それでは早速、公表用連結財務諸表を作成致します！
経理部長：ここまで説明したのだから、明日の午前10時には作成できているだろう。
担 当 者：……。
　　　　　徹夜で頑張ります……。

小問1　〈資料2〉の空欄（　a　）の金額を答えなさい。なお、解答に当たり端数が生じる場合には、百万円未満を切り捨てること。
　　　　重要性の基準　　　　　　　□□□百万円

小問2　〈資料2〉の空欄（　b　）の金額を答えなさい。なお、解答に当たり端数が生じる場合には、百万円未満を切り捨てること。
　　　　重要性の基準　　　　　　　□□□百万円

小問3　〈資料2〉の空欄（　c　）の比率を答えなさい。なお、解答に当たり端数が生じる場合には、小数点以下第3位を四捨五入し第2位まで求めること。
　　　　製品保証引当金の比率　　　□□□％

解答・解説

本問は、連結貸借対照表の負債の部における区分掲記の基準を問う問題である。区分掲記の基準は以下のとおりである。

分類	区分掲記の基準
① 区分掲記する項目で「その他」に含めて表示できる基準	負債及び純資産の合計額の100分の1以下
② 「その他」の項目で区分掲記することになる基準	負債及び純資産の合計額の100分の5超
③ 引当金	・当該引当金の設定目的を示す名称を付した科目でもって掲記 ・金額が少額なもので他の項目に属する負債と一括して表示することが適当な場合、適当な名称を付した科目で一括して掲記することが可能

小問1

解答： 重要性の基準　1,348　百万円

解説： 連結貸借対照表に区分掲記する項目で「その他」に含めて表示できる基準は負債及び純資産の合計額の100分の1以下となる。したがって、1,348百万円（＝134,868百万円×1％）が解答となる。

小問2

解答： 重要性の基準　6,743　百万円

解説： 連結貸借対照表の「その他」の項目で区分掲記することになる基準は負債及び純資産の合計額の100分の5を超えるものである。したがって、6,743百万円（＝134,868百万円×5％）が解答となる。

小問3

解答： 製品保証引当金の比率　0.94　％

解説： 製品保証引当金の負債及び純資産の合計額に占める割合は以下のとおりである。

$$\frac{製品保証引当金 1,266 百万円}{負債及び純資産の合計額 134,868 百万円} \times 100 = 0.938\cdots\%$$

$$= 0.94\%（解答）$$

●Column　連結仕訳集計表について●

　第6問のColumnで連結消去仕訳という言葉が登場した。連結消去仕訳には、資本連結、持分法の仕訳、債権と債務の相殺消去、取引高の相殺消去、未実現損益の消去がある。いずれも難しそうに感じられるが、仕訳のパターンは決まっており定型化できるものである。例えば、以下のように表計算ソフトを用いて連結精算表に転記するための連結仕訳集計表を作成するのも一考である。

〈連結仕訳集計表（例）〉

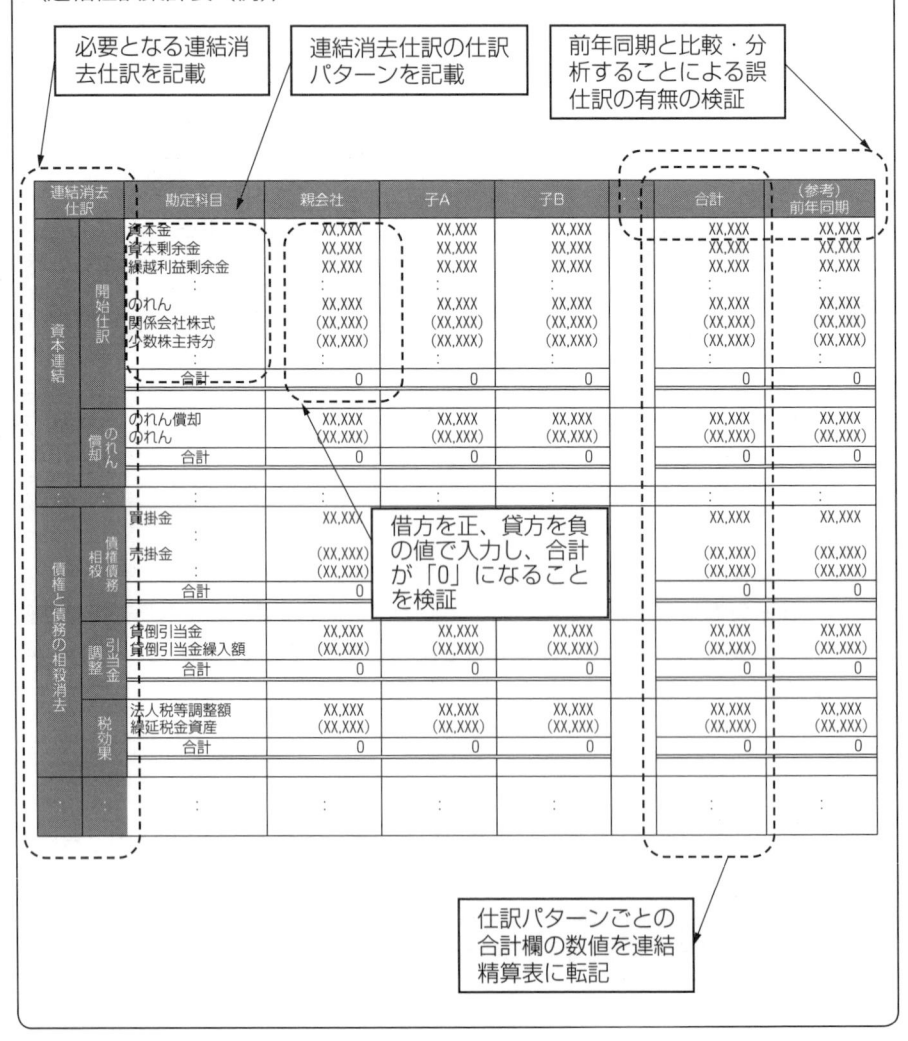

- 必要となる連結消去仕訳を記載
- 連結消去仕訳の仕訳パターンを記載
- 前年同期と比較・分析することによる誤仕訳の有無の検証

連結消去仕訳		勘定科目	親会社	子A	子B	合計	（参考）前年同期
資本連結	開始仕訳	資本金	XX,XXX	XX,XXX	XX,XXX	XX,XXX	XX,XXX
		資本剰余金	XX,XXX	XX,XXX	XX,XXX	XX,XXX	XX,XXX
		繰越利益剰余金	XX,XXX	XX,XXX	XX,XXX	XX,XXX	XX,XXX
		:	:	:	:	:	:
		のれん	XX,XXX	XX,XXX	XX,XXX	XX,XXX	XX,XXX
		関係会社株式	(XX,XXX)	(XX,XXX)	(XX,XXX)	(XX,XXX)	(XX,XXX)
		少数株主持分	(XX,XXX)	(XX,XXX)	(XX,XXX)	(XX,XXX)	(XX,XXX)
		:	:	:	:	:	:
		合計	0	0	0	0	0
	のれん償却	のれん償却	XX,XXX	XX,XXX	XX,XXX	XX,XXX	XX,XXX
		のれん	(XX,XXX)	(XX,XXX)	(XX,XXX)	(XX,XXX)	(XX,XXX)
		合計	0	0	0	0	0
		:	:	:	:	:	:
債権と債務の相殺消去	債権債務相殺	買掛金	XX,XXX			XX,XXX	XX,XXX
		:					
		売掛金	(XX,XXX)			(XX,XXX)	(XX,XXX)
			(XX,XXX)			(XX,XXX)	(XX,XXX)
		合計	0			0	0
	引当金調整	貸倒引当金	XX,XXX	XX,XXX	XX,XXX	XX,XXX	XX,XXX
		貸倒引当金繰入額	(XX,XXX)	(XX,XXX)	(XX,XXX)	(XX,XXX)	(XX,XXX)
		合計	0	0	0	0	0
	税効果	法人税等調整額	XX,XXX	XX,XXX	XX,XXX	XX,XXX	XX,XXX
		繰延税金資産	(XX,XXX)	(XX,XXX)	(XX,XXX)	(XX,XXX)	(XX,XXX)
		合計	0	0	0	0	0
:	:	:	:	:	:	:	:

- 借方を正、貸方を負の値で入力し、合計が「0」になることを検証
- 仕訳パターンごとの合計欄の数値を連結精算表に転記

第8問 Ⅰ 有価証券報告書
連結損益計算書

難易度 ★★☆ 普

以下の資料に基づいて、【連結損益計算書】に別掲又は注記すべき費目／科目に関する各小問に答えなさい。

〈資料1〉連結精算表（一部抜粋）

(単位：円)

CODE		当連結会計年度	選択番号
3001	従業員給料及び手当	2,433,000,000	①
3002	賞与引当金繰入額	715,000,000	②
3003	退職給付費用	380,000,000	③
3004	その他の人件費	200,000,000	④
3005	減価償却費	684,000,000	⑤
3006	研究開発費	313,000,000	⑥
3007	広告宣伝費	2,495,000,000	⑦
3008	旅費交通費	167,000,000	⑧
3009	貸倒引当金繰入額	450,000,000	⑨
3010	地代光熱費	760,000,000	⑩
3011	販売手数料	226,000,000	⑪
3012	役員報酬	242,000,000	⑫
3013	従業員賞与	641,000,000	⑬
3014	株式報酬費用	64,000,000	⑭
3015	法定福利費	1,258,000,000	⑮
3016	租税公課	532,000,000	⑯
3017	通信費	112,000,000	⑰
3018	修繕費	197,000,000	⑱
3019	消耗品費	320,000,000	⑲
3020	保険料	19,000,000	⑳
3021	交際費	178,000,000	㉑
3022	寄付金	9,000,000	㉒
3023	運賃及び荷造費	3,611,000,000	㉓
3024	販売促進費	3,817,000,000	㉔

CODE			選択番号
3025	旅費交通費	833,000,000	㉕
3026	事務手数料	1,686,000,000	㉖
3027	雑費	922,000,000	㉗
3028	貸倒引当金戻入益	△115,000,000	㉘
	販売費及び管理費合計	23,149,000,000	

〈資料2〉 連結精算表（一部抜粋）

（単位：円）

CODE		当連結会計年度	選択番号
4001	受取利息	244,000,000	㉙
4002	受取配当金	99,000,000	㉚
4003	仕入割引	421,000,000	㉛
4004	受取保険料	193,000,000	㉜
4005	為替差益	36,000,000	㉝
4006	貸倒引当金戻入益	—	㉞
4007	雑収入	43,000,000	㉟
	営業外収益合計	1,036,000,000	
5001	支払利息	38,000,000	㊱
5002	持分法による投資損失	31,000,000	㊲
5003	為替差損	60,000,000	㊳
5004	投資有価証券売却損	9,000,000	㊴
5005	雑損失	4,000,000	㊵
	営業外費用合計	142,000,000	
6001	有形固定資産売却益	—	㊶
6002	負ののれん発生益	34,000,000	㊷
6003	前期損益修正益	—	㊸
	特別利益合計	34,000,000	
7001	固定資産除売却損	73,000,000	㊹
7002	前期損益修正損	—	㊺
7003	減損損失	166,000,000	㊻
7004	災害による損失	493,000,000	㊼
	特別損失合計	732,000,000	

小問1　販売費及び一般管理費の科目を一括して掲記し、主要な費目及び金額を注記する方法を採用した場合に注記すべき費目の番号を合計した数値を答えなさい。なお、金額が少額である費目はないものとする。

　　　別掲すべき費目の番号の合計　　［　　　　］

小問2　営業外収益／営業外費用で別掲すべき科目の番号を合計した数値を答えなさい。

　　　別掲すべき科目の番号の合計　　［　　　　］

小問3　特別利益／特別損失で別掲すべき科目の番号を合計した数値を答えなさい。

　　　別掲すべき科目の番号の合計　　［　　　　］

解答・解説

本問を解答するにあたっては、まずは以下の別掲基準（10%超）を覚えておけばよい。

別掲基準	
販売費及び一般管理費（注記の場合）	販売費及び一般管理費合計の10%超
営業外収益	営業外収益総額の10%超
営業外費用	営業外費用総額の10%超
特別利益	特別利益総額の10%超
特別損失	特別損失総額の10%超

小問1

解答： 別掲すべき費目の番号の合計　　69
（＝①＋②＋③＋⑦＋⑨＋㉓＋㉔）

解説： 販売費及び一般管理費の科目に一括して掲記し、主要な費目及び金額を注記する方法を選択することができる。

主要な費目とは、引当金繰入額（その金額が少額であるものを除く）及びこれ以外の費目でその金額が販売費及び一般管理費の合計額の100分の10を超える費目をいう。

①	従業員給料及び手当	2,433,000,000÷23,149,000,000＝10.5%＞10%
⑦	広告宣伝費	2,495,000,000÷23,149,000,000＝10.8%＞10%
㉓	運賃及び荷造費	3,611,000,000÷23,149,000,000＝15.6%＞10%
㉔	販売促進費	3,817,000,000÷23,149,000,000＝16.5%＞10%
②	賞与引当金繰入額	715,000,000　「引当金繰入額」に該当する。
③	退職給付費用	380,000,000　「引当金繰入額」に該当する。
⑨	貸倒引当金繰入額	「引当金繰入額」に該当する。ただし、㉘の「貸倒引当金戻入益」との純額（335,000,000円＝450,000,000円－115,000,000円）で記載する。

≪注記記載例≫

※● 販売費及び一般管理費の主要な費目及び金額は、次のとおりです。

	前連結会計年度 （自　平成X0年4月1日 　至　平成X1年3月31日）	当連結会計年度 （自　平成X1年4月1日 　至　平成X2年3月31日）
販売促進費		3,817百万円
運賃及び荷造費		3,611　〃
広告宣伝費	省略	2,495　〃
給料及び手当		2,433　〃
賞与引当金繰入額		715　〃
退職給付費用		380　〃
貸倒引当金繰入額		335　〃

小問2

解答：　別掲すべき科目の番号の合計　　　203

（＝営業外収益92（＝㉙＋㉛＋㉜）＋営業外損失111（＝㊱＋㊲＋㊳））

解説：　各収益／費用のうち、当該収益／費用の金額が営業外収益／費用の総額の100分の10以下のもので一括表示が適当なものは、当該収益／費用を一括して示す名称を付した科目で掲記できる。

○営業外収益

　連結精算表の営業外収益の総額は1,036,000,000円であるが、為替差益（36,000,000円）は、表示の組替仕訳により営業外費用の為替差損（60,000,000円）と相殺されるため、連結損益計算書の営業外収益合計は1,000,000,000円（＝1,036,000,000円－36,000,000円）となる。したがって、その10％の100,000,000円を超える金額が別掲の対象となる。

㉙　受取利息　　244,000,000÷1,000,000,000＝24.4％＞10％
㉛　仕入割引　　421,000,000÷1,000,000,000＝42.1％＞10％
㉜　受取保険料　193,000,000÷1,000,000,000＝19.3％＞10％

≪記載例≫

(単位：百万円)

当連結会計年度
(自　平成X1年4月1日
　至　平成X2年3月31日)

営業外収益	
受取利息	244
仕入割引	421
受取保険料	193
その他	142
営業外収益合計	1,000

○営業外費用

　連結精算表の営業外費用の総額は142,000,000円であるが、為替差損（60,000,000円）は、表示の組替仕訳により営業外収益の為替差益（36,000,000円）と相殺されるため、連結損益計算書の営業外費用合計は106,000,000円（＝142,000,000円－36,000,000円）となる。したがって、その10%の10,600,000円を超える金額が別掲の対象となる。

㊱　支払利息　　　　　　　38,000,000÷106,000,000＝35.8%＞10%
㊲　持分法による投資損失　31,000,000÷106,000,000＝29.2%＞10%
㊳　為替差損　　　　　　　24,000,000（＝60,000,000－36,000,000）
　　　　　　　　　　　　　　÷106,000,000＝22.6%＞10%

≪記載例≫

(単位：百万円)

当連結会計年度
(自　平成X1年4月1日
　至　平成X2年3月31日)

営業外収益	
支払利息	38
持分法による投資損失	31
為替差損	24
その他	13
営業外費用合計	106

小問3

解答： 別掲すべき科目の番号の合計　　135

（＝特別利益42（＝㊷）＋特別損失93（＝㊻＋㊼））

解説：　各利益又は各損失のうち、その金額が特別利益又は特別損失の総額の100分の10以下のもので一括表示が適当なものは、当該利益又は損失を一括して示す名称を付した科目で掲記できる。

○特別利益

特別利益の総額は34,000,000円であるため、その10％の3,400,000円を超える金額が別掲の対象となる。

㊷　負ののれん発生益　　34,000,000÷34,000,000＝100％＞10％

≪記載例≫

(単位：百万円)

	当連結会計年度 （自　平成X1年4月1日 　至　平成X2年3月31日）
特別利益	
負ののれん発生益	34
特別利益合計	34

○特別損失

特別損失の総額は732,000,000円であるため、その10％の73,200,000円を超える金額が別掲の対象となる。

㊻　減損損失　　　　166,000,000÷732,000,000＝22.7％＞10％
㊼　災害による損失　493,000,000÷732,000,000＝67.3％＞10％

≪記載例≫

(単位：百万円)

	当連結会計年度 （自　平成X1年4月1日 　至　平成X2年3月31日）
特別利益	
減損損失	166
災害による損失	493
その他	73
特別損失合計	732

第9問 Ⅰ 有価証券報告書
連結包括利益計算書

難易度 ★★☆ 普

以下の資料に基づいて、【連結包括利益計算書】に関する各小問に答えなさい。当社は期中にＸ社株式を売却しており、売却益600百万円を計上している。その他有価証券の評価損益については〈資料1〉のとおりであり、子会社はその他有価証券を保有していない。なお、百万円未満の金額等、資料から判明しない事項について考慮する必要はない。

〈資料1〉当社保有のその他有価証券の評価損益の増減内訳

(単位：百万円)

	当期首	売却による組替調整額	当期発生額（差額）	当期末
Ｘ株式評価損益	1,000	△600	△400	—
Ｙ株式評価損益	4,500	—	1,600	6,100
合計	5,500	△600	1,200	6,100
税効果額	2,200	△240	480	2,440
税効果調整後評価損益	3,300	△360	720	3,660

〈資料2〉連結損益計算書（一部抜粋）

(単位：百万円)

当連結会計年度
（自　平成Ｘ1年4月1日
　至　平成Ｘ2年3月31日）

売上高	105,000
……	
税金等調整前当期純利益	14,550
法人税等	5,350
少数株主損益調整前当期純利益	9,200
少数株主利益	600
当期純利益	8,600

〈資料3〉連結株主資本等変動計算書（一部抜粋）

（単位：百万円）

	株主資本		その他の包括利益累計額	少数株主持分
	資本金	利益剰余金	その他有価証券評価差額金	
当期首残高	700,000	40,000	3,300	1,850
剰余金の配当		△4,600		
当期純利益		8,600		
株主資本以外の項目の当期変動額（純額）			（　　）	（　　）
当期末残高	700,000	44,000	（　　）	（　　）

〈資料4〉連結包括利益計算書

（単位：百万円）

	前連結会計年度 （自　平成X0年4月1日 至　平成X1年3月31日）	当連結会計年度 （自　平成X1年4月1日 至　平成X2年3月31日）
少数株主損益調整前当期純利益	7,400	（　　）
その他の包括利益		
その他有価証券評価差額金	560	（ a ）
その他の包括利益合計	560	（　　）
包括利益	7,960	（ b ）
（内訳)		
親会社株主に係る包括利益	（　　）	（ c ）
少数株主に係る包括利益	（　　）	（　　）

小問1　〈資料4〉の空欄（ a ）に入る金額を答えなさい。
　　　その他有価証券評価差額金　　［　　　　］百万円

小問2　〈資料4〉の空欄（ b ）に入る金額を答えなさい。
　　　包括利益　　［　　　　］百万円

小問3　〈資料4〉の空欄（ c ）に入る金額を答えなさい。
　　　親会社株主に係る包括利益　　［　　　　］百万円

解答・解説

本問は、有価証券報告書の【連結包括利益計算書】に記載する数値を問う問題である。包括利益の概念や連結株主資本等変動計算書との関係を理解しておくことが重要となる。

小問1

解答： その他有価証券評価差額金 　360　 百万円

解説： 本問では子会社はその他有価証券を保有していないため、連結包括利益計算書に計上するその他有価証券評価差額金は、〈資料1〉の税効果調整後評価損益の期末残高3,660百万円と期首残高3,300百万円の差額と一致する。したがって、360百万円が正解となる。なお、当該360百万円は連結株主資本等変動計算書の株主資本以外の項目の当期変動額（純額）のその他有価証券評価差額金360百万円とも一致する。空欄を埋めた連結株主資本等変動計算書等については次頁参照。

小問2

解答： 包括利益 　9,560　 百万円

解説： 包括利益は、少数株主損益調整前当期純利益に、その他の包括利益合計を加減して計算する。本問では、〈資料2〉より少数株主損益調整前当期純利益9,200百万円が所与のため、空欄（ a ）で計算した360百万円を加味して、9,200百万円＋360百万円＝9,560百万円が正解となる。

小問3

解答： 親会社株主に係る包括利益 　8,960　 百万円

解説： 包括利益は親会社株主に係る包括利益と少数株主に係る包括利益から構成され、それぞれの内訳を付記することになっている。

親会社株主に係る包括利益は、当期純利益8,600百万円と連結株主資本等変動計算書の株主資本以外の項目の当期変動額（純額）のその他有価証券評価差額金360百万円の合計で8,960百万円と計算される。

なお、少数株主に係る包括利益が〈資料2〉より600百万円とすぐに分かるため、包括利益9,560百万円から少数株主に係る包括利益600百万円を控除して8,960百万円と算出してもよい。

最後に、本問の〈資料3〉及び〈資料4〉の空欄を埋めたものと、「包括利益」及び「その他の包括利益」の考え方を下に示しておくので、確認されたい。

(単位：百万円)

	株主資本		その他の包括利益累計額	少数株主持分
	資本金	利益剰余金	その他有価証券評価差額金	
当期首残高	700,000	40,000	3,300	1,850
剰余金の配当		△4,600		
当期純利益		8,600		
株主資本以外の項目の当期変動額（純額）			360	600
当期末残高	700,000	44,000	3,660	2,450

	前連結会計年度 (自　平成X0年4月1日 至　平成X1年3月31日)	当連結会計年度 (自　平成X1年4月1日 至　平成X2年3月31日)
少数株主損益調整前当期純利益	7,400	9,200
その他の包括利益		
その他有価証券評価差額金	560	360
その他の包括利益合計	560	360
包括利益	7,960	9,560
(内訳)		
親会社株主に係る包括利益	7,560	8,960
少数株主に係る包括利益	400	600

　包括利益を表示する目的は、期中に認識された取引及び経済的事象（資本取引を除く）により生じた変動を報告することである。

　包括利益の計算の表示は、連結財務諸表において、少数株主損益調整前当期純利益に、その他の包括利益の内訳項目を加減して包括利益を表示する。

　その他の包括利益の内訳項目は、その内容に基づいて、その他有価証券評価差額金、繰延ヘッジ損益、為替換算調整勘定等に区分して表示する。

●Column　包括利益の算出方法について●

　包括利益とは、ある企業の特定期間の財務諸表において認識された純資産の変動額のうち、当該企業の純資産に対する持分所有者との直接的な取引によらない部分をいう。持分所有者には、新株予約権の所有者や子会社の少数株主も含まれる。

　その他の包括利益とは、包括利益のうち当期純利益及び少数株主損益に含まれない部分をいう。連結財務諸表においては、包括利益と少数株主損益調整前当期純利益との間の差額と等しくなる。

　当期首と当期末の純資産の変動から、上述した包括利益とその他の包括利益を図で確認してみよう。

当期首	当期中の変動	当期末	持分所有者との直接的取引	包括利益		
資本金1,000	→増資＋200	資本金1,200	200	0		
資本剰余金600	→増資＋200	資本剰余金800	200	0		
利益剰余金600	→配当△150	利益剰余金950	△150	0		
	→当期純利益＋500		0	500	当期純利益500	
その他有価証券評価差額金300	→その他有価証券評価差額金の変動＋340	その他有価証券評価差額金640	0	340		
繰延ヘッジ損益40	→繰延ヘッジ損益の変動△150	繰延ヘッジ損益△110	0	△150	その他の包括利益310	包括利益1,030
為替換算調整勘定△70	→為替換算調整勘定の変動△40	為替換算調整勘定△110	0	△40		
少数株主持分100	→少数株主損益以外の少数株主持分増加額＋160	少数株主持分480	0	160		
	→少数株主損益＋220			220	少数株主損益220	
純資産合計2,570	当期変動合計1,280	純資産合計3,850	250	1,030		

　包括利益は、純資産の変動合計1,280から、持分所有者との直接的取引250を控除した1,030となっている。また、当期純利益500と少数株主損益220の合計と等しい少数株主損益調整前当期純利益720に、その他の包括利益310を加算しても1,030で一致する。

　それでは次に、上記表を基に連結包括利益計算書を作成してみよう。次頁のような表を連結株主資本等変動計算書や連結財務諸表作成資料から作成しておくとよい。

　連結包括利益計算書上、その他の包括利益に計上される金額は、連結株主資本等変動計算書の当期変動額に、少数株主持分を加算し、持分法適用会社に対する持分については区分して表示する。

〈連結株主資本等変動計算書作成資料より〉

	その他有価証券評価差額金	繰延ヘッジ損益	為替換算調整勘定	その他の包括利益累計額合計	少数株主持分
当期首	300	40	△70	270	100
変動額	340	△150	△40	150	380
当期末	640	△110	△110	420	480

〈その他の包括利益の内訳〉

	その他有価証券評価差額金	繰延ヘッジ損益	為替換算調整勘定	持分法適用会社に対する持分相当額	その他の包括利益合計
連結株主資本等変動計算書	340	△150	△40	0	150
少数株主持分加算	60	0	100	0	160
持分法適用分控除	0	0	△20	20	0
連結包括利益計算書	400	△150	80	△20	310

〈連結包括利益計算書〉

少数株主損益調整前当期純利益	720
その他の包括利益	
その他有価証券評価差額金	400
繰延ヘッジ損益	△150
為替換算調整勘定	80
持分法適用会社に対する持分相当額	△20
その他の包括利益合計	310
包括利益	1030
（内訳）	
親会社株主に係る包括利益	650
少数株主に係る包括利益	380

　上記の〈その他の包括利益の内訳〉の表の包括利益計算書欄の数値を転記すればよい。

　なお、（内訳）の親会社株主に係る包括利益は、当期純利益500＋その他有価証券評価差額金の変動額340＋繰延ヘッジ損益の変動額△150＋為替換算調整勘定△40＝650と算出できる。また、少数株主に係る包括利益は、少数株主損益220＋少数株主持分加算分160（その他有価証券評価差額金60＋為替換算調整勘定100）＝380と算出できる。親会社株主に係る包括利益と少数株主に係る包括利益の合計は、連結包括利益計算書の包括利益と一致する。

第10問 Ⅰ 有価証券報告書
連結株主資本等変動計算書

難易度 ★☆☆ 易

以下の資料に基づいて、当期末に係る【連結株主資本等変動計算書】に関する各小問に答えなさい。なお、百万円未満の金額等、資料から判明しない事項について考慮する必要はない。

〈資料1〉連結貸借対照表（一部抜粋）

(単位：百万円)

	前連結会計年度 （平成X1年3月31日）	当連結会計年度 （平成X2年3月31日）
純資産の部		
株主資本		
資本金	11,055	11,055
資本剰余金	18,013	18,015
利益剰余金	65,662	76,276
自己株式	△1,817	△1,747
株主資本合計	92,913	103,599
その他の包括利益累計額		
その他有価証券評価差額金	417	468
繰延ヘッジ損益	△11	△2
為替換算調整勘定	△1,114	△1,706
その他の包括利益累計額合計	△708	△1,240
新株予約権	263	250
少数株主持分	1,662	( )
純資産合計	( )	(c)
負債純資産合計	( )	( )

〈資料2〉当期中の自己株式取得及び処分の明細

	株数 (単位：株)	取得又は売却自己株式金額 (単位：百万円)	取得売却時のその他諸費用 (単位：百万円)
取得	250	141	7
売却	400	211	9

〈**資料3**〉 連結株主資本等変動計算書（一部抜粋）

(単位：百万円)

	前連結会計年度 (自　平成X0年4月1日 至　平成X1年3月31日)	当連結会計年度 (自　平成X1年4月1日 至　平成X2年3月31日)
株主資本		
（省略）		
その他の包括利益累計額		
（省略）		
新株予約権		
当期首残高	191	263
当期変動額		
株主資本以外の項目の当期変動額（純額）	72	(　　　)
当期変動額合計	72	(　　　)
当期末残高	263	(　a　)
少数株主持分		
当期首残高	1,622	1,662
当期変動額		
株主資本以外の項目の当期変動額（純額）	40	98
当期変動額合計	40	98
当期末残高	1,662	1,760
純資産合計		
当期首残高	95,113	94,130
当期変動額		
剰余金の配当	△238	△1,373
当期純利益又は当期純損失（△）	△1,506	11,987
自己株式の取得	△10	(　b　)
自己株式の処分	32	(　　　)
株主資本以外の項目の当期変動額（純額）	739	(　　　)
当期変動額合計	(　　　)	(　　　)
当期末残高	(　　　)	(　c　)

小問1 〈資料3〉の空欄（ a ）に入る金額を答えなさい。

新株予約権　　　　　　　　　百万円

小問2 〈資料3〉の空欄（ b ）に入る金額を答えなさい。

自己株式の取得　　　　　　　百万円

小問3 〈資料1〉及び〈資料3〉の空欄（ c ）に入る金額を答えなさい。

純資産合計　　　　　　　　　百万円

解答・解説

本問は、連結株主資本等変動計算書と連結貸借対照表や連結損益計算書との整合性を問う問題である。

小問1

解答： 新株予約権　　250　百万円

解説： 連結株主資本等変動計算書の各項目の当期末残高は連結貸借対照表の各項目の当期末残高と一致するため、〈資料1〉より新株予約権の金額250を転記すれば正解となる。

（連結）株主資本等変動計算書を作成するときは、（連結）貸借対照表や（連結）損益計算書との整合性について確認する必要がある。

小問2

解答： 自己株式の取得　　△141　百万円

解説： 〈資料2〉より、自己株式取得原価141百万円を記載する。自己株式は取得原価をもって純資産の部の株主資本から控除する。

なお、自己株式の取得、処分又は消却に関する付随費用の金額については、損益計算書の営業外費用に計上する（自己株式の取得原価や売却損益には含まれない）ため、（連結）株主資本等変動計算書には計上しない。

小問3

解答： 純資産合計　　104,369　百万円

解説： 〈資料3〉より、少数株主持分1,760百万円を〈資料1〉に転記すれば、〈資料1〉より、株主資本合計103,599百万円＋その他の包括利益累計額合計△1,240百万円＋新株予約権250百万円＋少数株主持分1,760百万円＝純資産合計104,369百万円と算出できる。

第11問 Ⅰ 有価証券報告書
連結キャッシュ・フロー計算書

難易度 ★★☆ 普

以下の資料に基づいて、【連結キャッシュ・フロー計算書】に関する各小問に答えなさい。なお、百万円未満の金額等、資料から判明しない事項について考慮する必要はない。解答にあたっては、マイナス表示については△を付すこと。

〈資料1〉連結貸借対照表（一部抜粋）

（単位：百万円）

	前連結会計年度 （平成X1年3月31日）	当連結会計年度 （平成X2年3月31日）
資産の部		
流動資産		
現金及び預金	16,495	18,240
受取手形及び売掛金	20,744	22,731
有価証券	38,767	42,216

〈資料2〉平成X2年度の為替差損益の内訳（△は損失額、単位：百万円）

為替差益	
買掛金	46
借入金	199
為替差益合計	245
為替差損	
現金及び預金	△55
売掛金	△190
貸付金	△24
為替差損合計	△269

〈資料3〉 現金及び預金並びに有価証券の一部

	金額（百万円）	備　考
1年内定期預金	1,345	預入期間：平成X1年5月10日〜平成X2年4月9日
1年内定期預金	1,410	預入期間：平成X1年10月10日〜平成X2年9月9日
1年内定期預金	1,140	預入期間：平成X1年12月10日〜平成X2年6月9日
1年内定期預金	2,185	預入期間：平成X2年2月10日〜平成X2年5月9日
譲渡性預金	8,447	預入期間：平成X1年7月10日〜平成X2年4月9日
譲渡性預金	10,216	預入期間：平成X2年3月10日〜平成X2年6月9日
譲渡性預金	12,372	預入期間：平成X2年1月10日〜平成X2年4月9日

〈資料4〉 連結キャッシュ・フロー計算書（一部抜粋）

（単位：百万円）

	前連結会計年度 （自　平成X0年4月1日 至　平成X1年3月31日）	当連結会計年度 （自　平成X1年4月1日 至　平成X2年3月31日）
営業活動によるキャッシュ・フロー		
税金等調整前当期純利益	5,295	16,597
減価償却費	3,334	2,951
減損損失	577	135
為替差損益（△は益）	53	（　a　）
売上債権の増減額（△は増加）	△815	（　b　）
（省略）		
営業活動によるキャッシュ・フロー	9,368	15,654
投資活動によるキャッシュ・フロー		
（省略）		
投資活動によるキャッシュ・フロー	△598	（　　）
財務活動によるキャッシュ・フロー		
（省略）		
財務活動によるキャッシュ・フロー	832	1,149
現金及び現金同等物に係る換算差額	74	△55
現金及び現金同等物の増減額（△は減少）	9,676	（　　）
現金及び現金同等物の期首残高	10,981	20,657
現金及び現金同等物の期末残高	20,657	（　c　）

Ⅰ　有価証券報告書

〈**資料5**〉連結キャッシュ・フロー計算書関係の注記（一部抜粋）

（単位：百万円）

	当連結会計年度 （自　平成X1年4月1日 至　平成X2年3月31日）	
※　現金及び現金同等物の期末残高と連結貸借対照表に掲記されている科目の金額との関係		
現金及び預金		18,240
有価証券勘定に含まれる譲渡性預金等		31,035
預入期間3か月超の定期預金及び譲渡性預金	（	）
現金及び現金同等物	（　　c	）

小問1　〈資料4〉の空欄（　a　）に入る金額を答えなさい。
　　　　為替差損益（△は益）　　　　[　　　　]百万円

小問2　〈資料4〉の空欄（　b　）に入る金額を答えなさい。
　　　　売上債権の増減額（△は増加）　[　　　　]百万円

小問3　〈資料4〉及び〈資料5〉の空欄（　c　）に入る金額を答えなさい。なお、現金及び現金同等物については、連結キャッシュ・フロー計算書等の作成基準注解（注2）に掲げられている一般的なものとする。
　　　　現金及び現金同等物の期末残高　[　　　　]百万円

解答・解説

　本問は、連結キャッシュ・フロー計算書及び注記事項の作成の際に留意すべき事項である現金及び現金同等物の範囲並びに為替差損益の処理に関する計算問題である。いずれも集計を誤るとキャッシュ・フローの区分の金額に影響を及ぼすものであるため、基礎資料を作成する段階で各金額を適切に把握しておくことが必要となる。

小問1

解答：　為替差損益（△は益）　　△120　百万円

解説：　営業キャッシュ・フローの区分に記載する為替差損益の金額は、損益計算書において計上された為替差損益のうち、原則として「営業活動によるキャッシュ・フロー」の小計欄以下の各項目又は「営業活動によるキャッシュ・フロー」以外の各表示区分に記載される取引に係る為替差損益である。本問では、〈資料2〉の為替差損益のうち、「営業活動によるキャッシュ・フロー」項目である売掛金と買掛金以外の金額を集計すればよい。

　　　　すなわち、借入金△199百万円、現金及び預金55百万円、貸付金24百万円の合計△120百万円（純額では為替差益となるため△表示）が正解となる。

　　　　なお、キャッシュ・フロー計算書を間接法で作成している場合、為替差損益の表示については、下記のようにまとめることができる（ただし、在外子会社がある場合にはこの限りではない）。

為替差損益の発生元	記載箇所
現金及び現金同等物 (Ex：外貨、預入期間3か月以内の外貨預金等)	営業キャッシュ・フローの為替差損益に表示した上で、現金及び現金同等物に係る換算差額に表示
営業キャッシュ・フロー項目 (Ex：売掛金、未収入金、買掛金、未払金等)	営業キャッシュ・フローの各項目の増減（売掛金の増減額等）に含めて表示
上記以外 (Ex：貸付金、借入金、預入期間3か月超の外貨預金等)	営業キャッシュ・フローの為替差損益に表示

小問2

解答：　売上債権の増減額（△は増加）　　△1,987　百万円

解説：　売上債権である受取手形及び売掛金の前期末増減を記載すればよい。
　　　　（前期末残高20,744百万円－今期末残高22,731百万円＝△1,987百万円）

小問3

解答： 現金及び現金同等物の期末残高　　36,933　百万円

解説： 連結キャッシュ・フロー計算書関係の注記（一部抜粋）

（単位：百万円）

当連結会計年度 （自　平成X1年4月1日 至　平成X2年3月31日）	
※　現金及び現金同等物の期末残高と連結貸借対照表に掲記されている科目の金額との関係	
現金及び預金	18,240
有価証券勘定に含まれる譲渡性預金等	31,035
預入期間3か月超の定期預金及び譲渡性預金	△12,342
現金及び現金同等物	36,933

　現金とは手許現金及び要求払預金をいい、現金同等物とは、容易に換金可能であり、かつ、価値の変動について僅少なリスクしか負わない短期投資をいう。

　実務指針では現金同等物については、例として預入期間3か月以内の短期投資（定期預金、譲渡性預金等）が掲げられているが、あくまで各企業の実態に即して判断するため、預入期間3か月超であっても現金同等物に該当することも考えられる。

　本問では、特段の条件を付しておらず、〈資料5〉の注記の形式も預入期間3か月超のものを現金及び現金同等物から控除するように表示しているため、素直に解けばよい。

　なお、現金及び現金同等物の預入期間3か月以内というのは、期末日から3か月以内という意味ではなく、契約期間のことであるから留意されたい。

　本問で預入期間3か月を超えるのは、〈資料3〉の1年内定期預金の上から3つ分（1,345百万円、1,410百万円、1,140百万円）と譲渡性預金の上から1番目（8,447百万円）であるため、当該合計12,342百万円を控除すれば、期末の現金及び現金同等物の金額は36,933百万円となる。

第12問 連結財務諸表作成のための基本となる重要な事項

I 有価証券報告書

難易度 ★★★ 難

以下の資料に基づいて、当期末に係るX社の【連結財務諸表作成のための基本となる重要な事項】に関する各小問に答えなさい。なお、百万円未満の金額等、資料から判明しない事項について考慮する必要はない。

〈資料1〉すべての子会社及び関連会社等の概要（記載の支配比率はX社単独の持分のみ）

	会社名	概　　　要
1	A社	支配比率100%。A社については当期に設立している。
2	B社	支配比率70%。B社は重大な赤字決算を計上している。
3	C社	支配比率60%。C社の資産や売上、利益等を考慮すると、企業集団（連結財務諸表）に与える重要性は著しく乏しいと判断できる。
4	D社	支配比率60%。D社は清算会社であるが、支配関係は認められる。
5	E社	支配比率55%。E社に対する支配は一時的であると認められる。（なお、直前期及び翌期以降の支配比率は35%）
6	F社	支配比率51%。F社は破産会社であって、支配関係や影響力は認められない。
7	G社	支配比率45%。G社の取締役会の過半数を支配している。
8	H社	支配比率40%。H社の資金調達額の総額の過半について融資している。
9	I社	支配比率40%。I社について特段の事情はない。
10	J社	支配比率35%。J社については、重要な事業方針の決定を支配する契約がある。
11	K社	支配比率30%。K社について特段の事情はない。
12	L社	支配比率25%。L社の資産や売上、利益等を考慮すると、企業集団（連結財務諸表）に与える影響は軽微であると判断できる。
13	M社	支配比率20%。X社がM社に与える影響は一時的であると認められる。（直前期及び翌期以降については支配比率が10%）
14	N社	支配比率15%。N社の代表取締役はX社の元役員である。
15	O社	支配比率15%。O社はX社から重要な技術提供を受けている。
16	P社	支配比率10%。P社はC社の子会社である。
17	Q社	支配比率10%。Q社はO社の子会社である。

〈資料2〉 親会社及び子会社等の売上高

（単位：百万円）

会　　社	売　上　高
X社（親会社）	1,250
C社以外の連結子会社合計	1,480
C社	80
E社（非連結子会社）	220

〈資料3〉連結財務諸表注記
【連結財務諸表作成のための基本となる重要な事項】
1. 連結の範囲に関する事項
① 連結子会社の数　（　a　）社
　主要な連結子会社名は、「第1　企業の概況　4．関係会社の状況」に記載しているため省略しております。
　A社は当期新たに設立したため、連結の範囲に含めております。
　なお、前連結会計年度において連結子会社であったR社は、清算が結了したため、連結の範囲から除外しております。
② 主要な非連結子会社の名称等
　C社、E社、F社
（連結の範囲から除いた理由）
　C社は、小規模であり、合計の総資産、売上高、当期純損益（持分に見合う額）及び利益剰余金（持分に見合う額）等は、いずれも連結財務諸表に重要な影響を及ぼしていないため連結の範囲に含んでおりません。
　E社に対する支配は一時的であると認められるため、連結の範囲に含んでおりません。
　F社は破産会社であって、かつ、支配関係や影響力は認められないため子会社に該当いたしません。

2. 持分法の適用に関する事項
① 持分法適用の関連会社数　（　b　）社
　会社名　C社、…（　）社
② 持分法を適用しない非連結子会社及び関連会社のうち主要な会社等の名称
　F社、L社、M社
（持分法を適用しない理由）
　F社は…、M社は…。

L社は、当期純損益（持分に見合う額）及び利益剰余金（持分に見合う額）等からみて、持分法の対象から除いても連結財務諸表に及ぼす影響が軽微であり、かつ全体としても重要性がないため、持分法の適用範囲から除外しております。

小問1　〈資料3〉の空欄（　a　）に入る数値を答えなさい。
　　　　連結子会社の数　　　　　　　□□□□□社

小問2　〈資料3〉の空欄（　b　）に入る数値を答えなさい。
　　　　持分法適用の関連会社数　　□□□□□社

小問3　C社について、重要性が著しく乏しいと判断した根拠のうち、売上高に関する情報は〈資料2〉のような状況になっている。C社についての、他の非連結子会社と含めて連結の範囲に含めないことができるか否かを判断するための売上高基準（影響度合の割合）は（　c　）％である。（　c　）に入る数値を計算して答えなさい。なお、すでにE社については非連結子会社としているものとする。また、解答にあたっては、小数点以下第3位を四捨五入し第2位まで求めること。
　　　　売上高基準　　　　　　　　□□□□□％

解答・解説

本問は、【連結財務諸表作成のための基本となる重要な事項】で記載することとなる子会社や関連会社の範囲を問う問題である。連結財務諸表作成のためには、子会社や関連会社の範囲（連結の範囲）の決定が重要になってくる。企業内容の開示の適正性の観点から、開示担当者においても子会社や関連会社の定義等を理解しておくことが必須である。

小問1
解答： 連結子会社の数　　5　社
解説： 詳細は下記表を参照。「A、B、D、G、H」の5社が解答となる。C、E、F社については〈資料3〉1②で主要な非連結子会社と記載してあるため、解答は容易であろう。

小問2
解答： 持分法適用の関連会社数　　8　社
解説： 詳細は下記表を参照。「C、E、I、J、K、N、O、P」の8社が解答となる。

小問1 及び 小問2 については下記表を参照されたい。

	会社名	概　　要
1	A社	支配比率が50%超であり、特段の事情はないため、連結の範囲に含めなければならない。
2	B社	支配比率が50%超であり、特段の事情はないため、連結の範囲に含めなければならない。重大な赤字を計上していても関係ない。
3	C社	支配比率が50%超であるが、資産や売上、利益等を考慮すると、企業集団（連結財務諸表）に与える重要性は著しく乏しいと判断できるため、連結の範囲に含めないことができる。原則は連結の範囲に含むが、当問では主要な非連結子会社と記載しているため、持分法の適用範囲に含める。
4	D社	支配比率が50%超であり、清算会社であるが、支配関係は認められる。そのため、子会社に該当し、連結の範囲に含めなければならない。
5	E社	支配比率が50%超であるが、E社に対する支配は一時的であると認められる（直前期及び翌期以降の支配比率は35%）ため、連結の範囲に含めてはならない。なお、直前期や翌期以降の支配比率が35%であるため、持分法の適用範囲に含める必要がある。

6	F社	支配比率が50%超であるが、F社は破産会社であって、支配関係や影響力は認められない。支配関係がない以上、子会社に該当せず、連結の範囲にも含めない。また、持分法の適用範囲にも含めない。
7	G社	支配比率は40%以上50%以下であるが、G社の取締役会の過半数を支配しているため、支配関係が認められ、連結の範囲に含めなければならない。
8	H社	支配比率は40%以上50%以下であるが、H社の資金調達額の総額の過半について融資しているため、支配関係が認められ、連結の範囲に含めなければならない。
9	I社	支配比率は40%以上50%以下であるが、特段の事情はないため、連結の範囲には含めない。持分法の適用範囲にしなければならない。
10	J社	支配比率は40%未満であるため、J社については、重要な事業方針の決定を支配する契約があるが連結の範囲には含めない。持分法の適用範囲に含めることになる。
11	K社	支配比率が20%以上であり、特段の事情はないため、持分法の適用範囲に含めなければならない。
12	L社	支配比率が20%以上であるが、L社の資産や売上、利益等を考慮すると、企業集団(連結財務諸表)に与える重要性は著しく乏しいと判断できるため、持分法の適用範囲には含めないことができる。
13	M社	支配比率が20%以上であるが、M社に対する影響は一時的であると認められる(直前期及び翌期以降については支配比率が10%)ため、関連会社に該当せず、持分法の適用範囲にも含めない。
14	N社	支配比率が15%以上20%未満であるが、N社の代表取締役はX社の元役員であり、影響力が認められるため、持分法の適用範囲に含める。
15	O社	支配比率が15%以上20%未満であるが、O社はX社から重要な技術提供を受けており、影響力が認められるため、持分法の適用範囲に含める。
16	P社	支配比率は15%未満であるが、P社はC社(非連結子会社)の子会社であるため、持分法の適用範囲に含める。
17	Q社	Q社はO社(持分法適用関連会社)の子会社であるため、持分法の適用範囲に含めない。

連結の範囲	
原則	すべての子会社を連結の範囲に含めなければならない。
容認（連結の範囲に含めないことができる）	その資産、売上等を考慮して、連結の範囲から除いても企業集団の財政状態及び経営成績及びキャッシュ・フローの状況に関する合理的な判断を妨げない程度に重要性の乏しい子会社は、連結の範囲に含めないことができる。
連結の範囲に含めない（連結の範囲に含めることができない）	支配が一時的であると認められる会社及び連結することにより利害関係者の判断を著しく誤らせるおそれのある会社は、連結の範囲に含めることができない。

支配比率等	
議決権の過半数以上	子会社に該当する。
議決権の100分の40以上100分の50以下	連結財務諸表に関する会計基準第7項（2）に記載されている所定の要件に該当すれば子会社に該当する。
更生会社、破産会社等	有効な支配従属関係が存在しないと認められる場合には子会社に該当しない。
清算会社	継続企業と認められない場合であっても、その意思決定機関を支配していると認められる場合には子会社に該当する。

　更生会社や破産会社であることをもって直ちに支配関係がないと判断するわけではなく、更生会社や破産会社であっても、支配関係があるか否かを検討しなければならない。
　ただし、更生会社は管財人の管理下に置かれ、破産会社は破産管財人の管理下に置かれて、通常の支配関係がなくなることが多いと思われる。
　一方で、清算会社については、通常の営業業務はしないが、債権回収や債務の返済の意思決定において支配関係にあると認められることもあると思われる。

持分法適用範囲	
原則	すべての非連結子会社及び関連会社に対する投資については、原則として持分法を適用する。 なお、非連結子会社である持分法適用会社の子会社又は関連会社は持分法の適用範囲に含まれるが、持分法適用関連会社の子会社又は関連会社は持分法の適用範囲に含まれない。
容認（持分法を適用しないことができる）	持分法の適用により、連結財務諸表に重要な影響を与えない場合は、持分法の適用会社としないことができる。

支配比率等	
議決権の100分の20以上	関連会社に該当する。
議決権の100分の15以上100分の20未満	「持分法に関する会計基準」第5-2項（2）に記載されている所定の要件に該当すれば関連会社に該当する。
更生会社、破産会社等	財務及び営業又は事業の方針の決定に対して重要な影響を与えることができないと認められる企業は関連会社に該当しない。
清算会社	継続企業と認められない場合であっても、財務及び営業又は事業の方針の決定に対して重要な影響を与えることができると認められる企業は関連会社に該当する。

　なお、連結の範囲又は持分法適用の範囲の変更があった場合には、その旨及び変更の理由を注記しなければならない。

小問3

解答：　売上高基準　　　2.93　％

解説：　連結の範囲に係る重要性については、量的側面と質的側面の両方から判断する必要がある。量的側面には、①資産基準、②売上高基準、③利益基準、④利益剰余金基準が掲げられており、少なくとも上記4項目の影響をもって判断することとされている（監査・保証実務委員会報告第52号「連結の範囲及び持分法の適用範囲に関する重要性の原則の適用等に係る監査上の取扱い」第4項参照）。

　　　　具体的には、下記の算定式によって各基準の割合が求められる。

$$\frac{\text{非連結子会社（③及び④については持分に見合う額）の合計値}}{\text{連結財務諸表提出会社及び連結子会社（③及び④については持分に見合う額）の合計額}}$$

　　　　ただし、非連結子会社のうち、「支配が一時的であるために連結の範囲に含めない子会社」及び「利害関係者の判断を著しく誤らせるおそれがあるために連結の範囲に含めない子会社」は、上記の算式に含めないことに留意が必要である。

　　　　また、質的側面から原則として非連結子会社にすることができない子会社も例示されている。詳しくは「監査・保証実務委員会報告第52号「連結の範囲及び持分法の適用範囲に関する重要性の原則の適用等に係る監査上の取扱い」第4項（2）」を参照されたい。

　　　　本問の売上高基準の算定については、次頁を参照されたい。

C社売上80百万円を、X社売上1,250百万円及びC社以外の連結子会社売上1,480百万円の合計2,730百万円で割ると2.93%となる。なお、E社は非連結子会社であるが、支配が一時的であるため連結の範囲に含めない子会社に該当することとなり、売上高基準の算定式の分子には含めない。

第13問 Ⅰ 有価証券報告書
連結貸借対照表関係

難易度 ★☆☆ 易

以下の資料に基づいて、連結貸借対照表関係の注記事項に関する各小問に答えなさい。なお、百万円未満の金額等、資料から判明しない事項について考慮する必要はない。

〈資料1〉連結貸借対照表（一部抜粋）

(単位：百万円)

	前連結会計年度 （平成X1年3月31日）	当連結会計年度 （平成X2年3月31日）
資産の部		
流動資産		
（省略）		
商品及び製品	14,534	( )
仕掛品	6,299	7,208
原材料及び貯蔵品	2,243	2,293
（省略）		

〈資料2〉連結貸借対照表関係の注記

※1　担保に供している資産は、次のとおりであります。

	前連結会計年度 （平成X1年3月31日）	当連結会計年度 （平成X2年3月31日）
建物及び構築物	×××百万円	×××百万円
土地	×××百万円	×××百万円
計	×××百万円	(a)百万円

担保付債務は、次のとおりであります。

	前連結会計年度 （平成X1年3月31日）	当連結会計年度 （平成X2年3月31日）
1年以内返済予定の長期借入金	×××百万円	×××百万円
長期借入金	×××百万円	×××百万円
計	×××百万円	×××百万円

※2 債務保証

連結会社以外の会社の金融機関等からの借入金に対して、次のとおり債務保証を行っております。

	前連結会計年度 （平成X1年3月31日）	当連結会計年度 （平成X2年3月31日）
（株）×××	×××百万円	×××百万円
（株）×××	×××百万円	×××百万円
計	×××百万円	（ b ）百万円

〈資料3〉担保提供資産一覧表（親会社）

項目	提供資産名	帳簿金額（円）	種類	担保権者	番号	摘要
建物	本社ビル	59,183,112	根抵当	○○銀行	XXXXXXX	……
	:	:	:	:	:	:
	合計	185,749,852	ー	ー	ー	ー
構築物	△△工場	35,133,461	抵当	○○銀行	XXXXXXX	……
	:	:	:	:	:	:
	合計	72,923,274	ー	ー	ー	ー
土地	東京都千代田区‥	48,000,000	根抵当	○○銀行	XXXXXXX	……
	:	:	:	:	:	:
	合計	352,284,473	ー	ー	ー	ー

〈資料4〉担保提供資産一覧表（連結子会社）

項目	提供資産名	帳簿金額（円）	種類	担保権者	番号	摘要
建物	天童工場建屋	34,686,712	根抵当	○○銀行	XXXXXXX	……
	:	:	:	:	:	:
	合計	64,668,282	ー	ー	ー	ー
土地	山形県天童市‥	72,000,000	根抵当	××信金	XXXXXXX	……
	:	:	:	:	:	:
	合計	150,979,060	ー	ー	ー	ー

〈資料5〉子会社の借入金に対する親会社の債務保証

(単位：円)

子会社名	金融機関名	借入金額	連結の有無	親会社による債務保証の有無
(株)×× ×	×××	200,000,000	有り	有り
(株)×× ×	×××	100,000,000	有り	無し
(株)×× ×	×××	50,000,000	無し	有り
(株)×× ×	×××	30,000,000	無し	無し

小問1　連結貸借対照表上、たな卸資産を一括掲記した場合の計上額が28,154百万円である場合、商品及び製品として注記される金額を答えなさい。

商品及び製品　　　　　　　百万円

小問2　〈資料2〉の空欄（　a　）に当てはまる金額を答えなさい。なお、重要性はあるものとし、解答にあたっては百万円未満を切り捨てること。

担保に供している資産　　　　　　　百万円

小問3　〈資料2〉の空欄（　b　）に当てはまる金額を答えなさい。なお、解答にあたっては百万円未満を切り捨てること。

債務保証　　　　　　　百万円

解答・解説

　連結貸借対照表関係の注記事項を問う問題である。各注記と注記の根拠資料の関係及び注記の根拠資料の読み取り方をマスターしていただきたい。注記の根拠資料については、会社の実態に応じて正確かつ効率的に注記情報をまとめられることができるように形式等の工夫が必要である。

小問1

解答：　商品及び製品　　| 18,653 |　百万円

解説：　たな卸資産を一括掲記した場合の計上金額28,154百万円から、連結貸借対照表の仕掛品7,208百万円及び原材料及び貯蔵品2,293百万円の金額を控除すると解答が得られる。

　　　28,154百万円－7,208百万円－2,293百万円＝18,653百万円（解答）

小問2

解答：　担保に供している資産　　| 826 |　百万円

解説：　〈資料3〉及び〈資料4〉の担保提供資産一覧表の合計表の金額を合計すると解答が得られる。

　　　185,749,852円＋72,923,274円＋352,284,473円＋64,668,282円＋150,979,060円
　　　＝826,604,941円

　　　担保提供資産一覧表（会社によって名称は異なる）は、固定資産台帳・登記簿・借入金契約書等に基づき作成する。また、担保に供されている債務は借入金契約書等に基づき把握する。

小問3

解答：　債務保証　　| 50 |　百万円

解説：　〈資料5〉の親会社によって債務保証がなされている借入金額のうち、連結されていない子会社に係る金額50,000,000円を記載する。なお、親会社によって債務保証がなされている借入金額のうち、連結されている子会社に係る金額200,000,000円は、連結貸借対照表に計上されているため注記は不要である点に留意する。

●Column　連結パッケージで入手する子会社の情報について

　連結財務諸表に関する注記情報を網羅的かつ正確に作成するには、連結パッケージを子会社から入手することが効果的である。
　連結パッケージにより子会社から入手した方がよいと思われる情報は、例えば以下のものが考えられる。

➤連結仕訳のために必要な情報（例えば、連結グループ内部に対する債権債務の金額、取引金額、棚卸資産の未実現利益に関する情報等）
➤子会社の採用している会計方針
➤受取手形割引高及び受取手形裏書譲渡高、並びに営業外受取手形残高
➤期末日が金融機関の休日であった場合の期末日満期日手形の処理方法
➤当座貸越契約及び貸出コミットメントライン契約に関する情報
➤雑収入、雑損失、特別損益の明細

　個別財務諸表では連結子会社の担当者が重要性なしと判断し、「その他」、「雑収入」、「雑損失」に含めた勘定科目であっても、他の個別財務諸表と合算した場合や組替により純額処理した場合、連結消去仕訳を実施した場合等で連結財務諸表における比率が高まり、別掲基準を満たす可能性もあることに留意が必要である。

➤一般管理費及び当期製造費用に含まれる研究開発費
➤その他の包括利益の当期発生額、組替調整額
➤新株予約権等に関する情報
➤固定資産の取得に係る未払金（連結キャッシュ・フロー計算書作成のため）
➤オペレーティング・リース取引に係る情報
➤金融商品に係る時価情報
➤有価証券に関する情報（例えば、株式等の連結貸借対照表計上額が取得原価を超えているかどうか、連結貸借対照表計上額、取得原価、連結会計年度中に売却した株式等の売却額及び売却益・売却損の合計額等）
➤デリバティブ取引に関する情報（例えば、契約額等、契約額等のうち1年超の金額、時価、評価損益、ヘッジ会計の適用の有無等）
➤退職給付に関する情報（例えば、採用している退職給付制度の概要、退職給付債務及び退職給付費用に関する事項、退職給付債務等の計算の基礎に関する事項等）
➤ストック・オプション等に関する情報（例えば、費用計上額及び科目名、ス

トック・オプションの内容、規模及びその変動状況等）
- ➤税効果会計に関する情報（繰延税金資産及び繰延税金負債の発生の主な原因別の内訳、繰延税金資産の回収可能性等）
- ➤資産除去債務に関する情報（例えば、資産除去債務の概要、金額の算定方法等）
- ➤セグメント情報に関する事項（例えば、外部顧客への売上高、セグメント間の内部売上高又は振替高、製品及びサービス・地域・主な顧客ごとの情報等）
- ➤関連当事者に関する事項（例えば、提出会社の連結子会社と関連当事者との取引等）
- ➤重要な後発事象

　昨今、有価証券報告書において注記事項が充実された反面、子会社から収集する情報の量が多くなってきた。そのため、子会社側で連結パッケージの作成が遅れた結果、連結財務諸表自体の作成も遅れてしまうというリスクが発生する。このリスクを回避するため、連結パッケージにおいて、連結財務諸表作成のための情報と注記情報作成のための情報とを区分し、それぞれの親会社への提出期限を別個にする工夫等が必要となる。

　また、連結財務諸表に関する注記情報の網羅性を担保するためには、前年の注記情報と比較分析を実施することが有用である。

第14問 I 有価証券報告書
連結損益計算書関係、連結包括利益計算書関係、連結キャッシュ・フロー計算書関係

難易度 ★★☆ 普

以下の資料に基づいて、各注記事項に関する各小問に答えなさい。なお、百万円未満の金額等、資料から判明しない事項について考慮する必要はない。解答にあたっては、マイナス表示については△を付すこと。

〈資料1〉連結損益計算書関係の注記

※1 固定資産売却損の内容は、次のとおりであります。

	前連結会計年度 (自 平成X0年4月1日 至 平成X1年3月31日)	当連結会計年度 (自 平成X1年4月1日 至 平成X2年3月31日)
建物及び構築物	×××百万円	×××百万円
有形固定資産（その他）	×××百万円	×××百万円
無形固定資産（その他）	×××百万円	×××百万円
計	×××百万円	×××百万円

※2 固定資産除却損の内容は、次のとおりであります。

	前連結会計年度 (自 平成X0年4月1日 至 平成X1年3月31日)	当連結会計年度 (自 平成X1年4月1日 至 平成X2年3月31日)
建物及び構築物	×××百万円	(a)百万円
機械装置及び運搬具	×××百万円	×××百万円
建設仮勘定	×××百万円	×××百万円
有形固定資産（その他）	×××百万円	×××百万円
無形固定資産（その他）	×××百万円	×××百万円
計	×××百万円	×××百万円

〈**資料2**〉 特別損失の明細

(単位：百万円)

項目	親会社	子会社	連結調整	計
固定資産売却損				
建物及び構築物	2	―	―	2
機械装置及び運搬具	36	―	△36	―
器具及び備品	0	0	―	0
無形固定資産（その他）	―	0	―	0
合計	38	0	△36	2
固定資産除却損				
建物及び構築物	―	20	―	20
機械装置及び運搬具	―	51	―	51
器具及び備品	―	8	―	8
建設仮勘定	―	2	―	2
無形固定資産（その他）	―	20	―	20
合計	―	101	―	101

〈**資料3**〉 連結包括利益計算書関係の注記

※　その他の包括利益に係る税効果額

	税効果調整前	税効果額	税効果調整後
その他有価証券評価差額金	×××百万円	×××百万円	（　b　）百万円
繰延ヘッジ損益	×××百万円	×××百万円	×××百万円
為替換算調整勘定	×××百万円	×××百万円	×××百万円
その他の包括利益合計	×××百万円	×××百万円	×××百万円

〈資料4〉投資有価証券管理表（株式のみ）

（単位：百万円）

株式銘柄	X1年3月末 取得価額	X1年3月末 時価評価額	増加	減少	X2年3月末 取得価額	X2年3月末 時価評価額	評価差額	税効果	摘要
イ	100	121	—	100	—	—	—	—	131で売却
ロ	20,000	20,789	—	—	20,000	20,809	809	324	—
ハ	—	—	200	—	200	190	△10	△4	期中に購入
ニ	400	285	—	201	199	180	△19	△8	期中に減損
計	20,500	21,195	200	301	20,399	21,179	780	312	

・法定実効税率は、40％である。
・繰延税金資産の回収可能性に問題はないものとする。
・保有目的は、すべてその他有価証券である。

〈資料5〉連結キャッシュ・フロー計算書関係の注記

※1　現金及び現金同等物の期末残高と連結貸借対照表に掲記されている科目の金額との関係は、次のとおりであります。

	前連結会計年度 （自　平成X0年4月1日 至　平成X1年3月31日）	当連結会計年度 （自　平成X1年4月1日 至　平成X2年3月31日）
現金及び預金	×××百万円	×××百万円
有価証券勘定に含まれる譲渡性預金	×××百万円	×××百万円
預入期間3か月超の定期預金	×××百万円	（　c　）百万円
現金及び現金同等物	×××百万円	×××百万円

〈資料6〉現金・預金等の内訳

(単位：百万円)

	現金	当座預金	普通預金	定期預金（3か月以内）	定期預金（3か月超1年以内）	定期預金（1年超）	譲渡性預金（3か月以内）	計
親会社	83	829	845	5,000	450	100	8,080	15,387
子会社	56	207	332	980	( )	—	596	2,221
計	139	1,036	1,177	5,980	( )	100	8,676	17,608

※連結キャッシュ・フロー計算書における資金の範囲は、手許現金、要求払預金及び取得日から3か月以内に満期の到来する流動性の高い、容易に換金可能であり、かつ、価値の変動について僅少なリスクしか負わない短期的な投資である。

小問1 〈資料1〉の空欄（ a ）に当てはまる金額を答えなさい。
　　　建物及び構築物　　　　　　□□□□□百万円

小問2 〈資料3〉の空欄（ b ）に当てはまる金額を答えなさい。
　　　その他有価証券評価差額金　□□□□□百万円

小問3 〈資料5〉の空欄（ c ）に当てはまる金額を答えなさい。
　　　預入期間3か月超の定期預金　□□□□□百万円

解答・解説

連結損益計算書関係、連結包括利益計算書関係及び連結キャッシュ・フロー計算書関係の注記事項を問う問題である。各注記と注記の根拠資料の関係及び注記の根拠資料の読み取り方をマスターしていただきたい。

注記の根拠資料については、会社の実態に応じて正確かつ効率的に注記情報をまとめられることができるように形式等の工夫が必要である。

小問1

解答： 建物及び構築物　　20　百万円

解説： 〈資料2〉の固定資産除却損の建物及び構築物の計の欄から金額を転記する。特別損失の明細は、親会社及び子会社の総勘定元帳・固定資産台帳等をもとに作成する。特別損失の明細は、会社によっては作成していない場合もあるが、これを作成することにより注記情報をより効率的に把握することができるようになるとともに、別掲基準の判断にも役立てることができる。

小問2

解答： その他有価証券評価差額金　　51　百万円

解説： 期末残高468百万円－期首残高417百万円＝51百万円（解答）

若しくは

組替調整額102百万円＋当期発生額△51百万円＝51百万円（解答）

詳細は、下記を参照。

その他有価証券評価差額金の変動　　　　　　　（単位：百万円）

	期首	当期発生額	組替調整額	期末
税効果前	695	△85	170	780
税効果	278	△34	68	312
税効果後	417	△51	102	468

なお、税効果前の当期発生額△85を銘柄別に示すと以下のとおりとなる。（単位：百万円）

　イ：時価評価洗替額△21（＝100－121）＋投資有価証券売却益31（＝131－100）＝10

ロ：時価評価洗替額△789（＝20,000－20,789）
　　＋期末時価評価額809（＝20,809－20,000）＝20
ハ：期末時価評価額△10（＝190－200）
ニ：時価評価洗替額115（＝400－285）＋<u>減損計上額△201（＝199－400）</u>
　　＋期末時価評価額△19（＝180－199）＝△105

イ～ニの合計額は、10＋20△10△105＝△85
　上記のうち下線を付した項目の合計額（符号はプラス・マイナスが逆になる）が組替調整額の金額になる点も押さえていただきたい。

小問3

解答：　預入期間3か月超の定期預金　　△500　百万円

解説：　〈資料6〉から、まず子会社の定期預金（3か月超1年以内）の金額を求める。次に、定期預金（3か月超1年以内）の親会社の金額と子会社の金額を加算すると解答が求められる。
　なお、解答にあたっては金額の前に△を付す点に留意すること。また、同資料の定期預金（1年超）の金額は、連結貸借対照表の現金及び預金には含まれず、固定資産の部に計上される点にも留意すること。

2,221百万円－56百万円－207百万円－332百万円－980百万円－596百万円
＝50百万円
450百万円＋50百万円＝500百万円（解答）

第15問 Ⅰ 有価証券報告書
連結株主資本等変動計算書関係

難易度 ★★☆ 普

以下の資料に基づいて、連結株主資本等変動計算書関係の注記事項に関する各小問に答えなさい。なお、百万円未満の金額等、資料から判明しない事項について考慮する必要はない。

〈資料1〉株主資本等変動計算書関係の注記

当連結会計年度（自 平成X1年4月1日 至 平成X2年3月31日）
1. 発行済株式に関する事項

株式の種類	当連結会計年度期首	増加	減少	当連結会計年度末
普通株式（株）	×××	(a)	—	×××

（変動事由の概要）
新株の発行
　ストック・オプションの権利行使による増加　1,500株
　第三者割当増資による増加　　　　　　　　　5,000株

2. 自己株式に関する事項

株式の種類	当連結会計年度期首	増加	減少	当連結会計年度末
普通株式（株）	×××	×××	×××	(b)

（変動事由の概要）
　　（省略）

3. 新株予約権等に関する事項

会社名	内訳	目的となる株式の種類	目的となる株式の数（株） 当連結会計年度期首	増加	減少	当連結会計年度末	当連結会計年度末残高（百万円）
提出会社	平成×年ストック・オプションとしての新株予約権	—	—	—	—	—	×××
連結子会社	平成×年ストック・オプションとしての新株予約権	—	—	—	—	—	(c)
合計			—	—	—	—	×××

4. 配当に関する事項
(1) 配当金支払額

決議	株式の種類	配当金の総額（百万円）	1株当たり配当額（円）	基準日	効力発生日
平成X1年6月X日 定時株主総会	普通株式	×××	×××	平成X1年3月31日	平成X1年6月X日
平成X1年11月X日 取締役会	普通株式	×××	×××	平成X1年9月30日	平成X1年X月X日

(2) 基準日が当連結会計年度に属する配当のうち、配当の効力発生日が翌連結会計年度となるもの

決議	株式の種類	配当の原資	配当金の総額（百万円）	1株当たり配当額（円）	基準日	効力発生日
平成X2年6月X日 定時株主総会	普通株式	利益剰余金	×××	×××	平成X2年3月31日	平成X2年6月X日

〈資料2〉親会社の自己株式管理台帳

年月日	増加 株数（株）	増加 金額（円）	減少 株数（株）	減少 金額（円）	残高 株数（株）	残高 金額（円）
X1年3月31日	―	―	―	―	269,000	×××
×××	400	×××	―	―	269,400	×××
×××	600	×××	―	―	270,000	×××
×××	―	―	11,000	×××	259,000	×××
合計	1,000	×××	11,000	×××	―	―

〈資料3〉連結子会社の有価証券明細表（一部抜粋）

銘柄	期首 株数（株）	期首 取得原価（円）	期首 時価（円）	増加	減少	期末 株数（株）	期末 取得原価（円）	期末 時価（円）
親会社株式	2,400	16,666,667	15,000,000	―	―	2,400	16,666,667	17,000,000

・親会社の子会社に対する持分割合は60％である。
・子会社は、親会社株式をその他有価証券として保有している。

〈資料4〉連結貸借対照表（一部抜粋）

（単位：百万円）

	前連結会計年度 （平成X1年3月31日）	当連結会計年度 （平成X2年3月31日）
純資産の部 （省略） 　新株予約権 （省略）	213	265

〈資料5〉貸借対照表（一部抜粋）

（単位：百万円）

	前事業年度 （平成X1年3月31日）	当事業年度 （平成X2年3月31日）
純資産の部 （省略） 　新株予約権 （省略）	213	255

小問1　〈資料1〉の空欄（　a　）に当てはまる数値を答えなさい。なお、〈資料1〉に示した事項以外に新株の発行はないものとする。
　　　　普通株式　　　　　　　　　　株

小問2　〈資料1〉の空欄（　b　）に当てはまる数値を答えなさい。
　　　　普通株式　　　　　　　　　　株

小問3　〈資料1〉の空欄（　c　）に当てはまる金額を答えなさい。
　　　　当連結会計年度末残高　　　　　　百万円

解答・解説

　本問は、連結株主資本等変動計算書関係の注記事項を問う問題である。有価証券報告書の他の記載内容との整合性、株主資本等変動計算書関係（単体）の注記事項との違いを理解していただきたい。

小問1

解答：　普通株式　　6,500　株

解説：　変動事由の概要部分の記載から数値を把握すればよい。

　　　1,500株＋5,000株＝6,500株（解答）

小問2

解答：　普通株式　　260,440　株

解説：　〈資料2〉及び〈資料3〉に基づき数値を把握する。子会社が保有する親会社株式は、連結財務諸表の観点からは自己株式になることに留意する。また、連結株主資本等変動計算書に開示する自己株式数は以下の合計による。
① 親会社が保有する自己株式の株式数
② 子会社又は関連会社が保有する親会社株式又は投資会社の株式の株式数のうち、親会社又は投資会社の持分に相当する株式数

　したがって、（　b　）の自己株式数は以下のように求めることができる。

　　　259,000株＋2,400株×60％＝260,440株（解答）

小問3

解答：　当連結会計年度末残高　　10　百万円

解説：　〈資料4〉の新株予約権の連結貸借対照表計上額265百万円と〈資料5〉の新株予約権の貸借対照表計上額255百万円の差額から求める。

　　　265百万円－255百万円＝10百万円（解答）

第16問 Ⅰ 有価証券報告書
金融商品関係

難易度 ★☆☆ 易

以下の資料に基づいて、金融商品関係の注記事項に関する各小問に答えなさい。なお、百万円未満の金額等、資料から判明しない事項について考慮する必要はない。解答にあたっては、マイナス表示については△を付すこと。

〈資料1〉金融商品関係の注記（一部抜粋）

1. 金融商品の状況に関する事項

（省略）

2. 金融商品の時価等に関する事項
連結貸借対照表計上額、時価及びこれらの差額については、次のとおりであります。なお、時価を把握することが極めて困難と認められるものは、次表には含めておりません（（注2）を参照下さい）。

前連結会計年度（平成X1年3月31日）

（省略）

当連結会計年度（平成X2年3月31日）

（単位：百万円）

	連結貸借対照表計上額	時価	差額
(1) 現金及び預金	×××	×××	―
(2) 受取手形及び売掛金	×××	×××	―
(3) 有価証券			
その他有価証券（譲渡性預金）	×××	×××	―
(4) 投資有価証券			
その他有価証券	×××	×××	―
資産計	×××	×××	―
(1) 支払手形及び買掛金	×××	×××	―
(2) 短期借入金	×××	×××	―
(3) 1年内返済予定の長期借入金	×××	×××	―
(4) 未払法人税等	×××	×××	―
(5) 長期借入金	×××	×××	（ a ）
負債計	×××	×××	×××

（注1）金融商品の時価の算定方法並びに有価証券及びデリバティブ取引に関する事項

（省略）

(注2) 時価を把握することが極めて困難と認められる金融商品の連結貸借対照表計上額

(単位：百万円)

区分	平成X1年3月31日	平成X2年3月31日
非上場株式	×××	(b)

　上記については、市場価格がなく、時価を把握することが極めて困難と認められるため、「(4) 投資有価証券」には含めておりません。

(注3) 金銭債権及び満期がある有価証券の連結決算日後の償還予定額

前連結会計年度（平成X1年3月31日）

(省略)

当連結会計年度（平成X2年3月31日）

(単位：百万円)

	1年以内	1年超 5年以内	5年超 10年以内	10年超
現金及び預金	×××	―	―	―
受取手形及び売掛金	×××	―	―	―
有価証券及び投資有価証券				
満期保有目的の債券（国債）	×××	(c)	―	―
その他有価証券のうち満期があるもの（国債）	―	×××	―	―
合計	×××	×××	×××	―

(注4) 社債、長期借入金、リース債務及びその他の有利子負債の連結決算日後の返済予定額

(省略)

〈資料2〉長期借入金時価算定シート（内部管理資料）

(単位：百万円)

返済時期	元本返済	利息支払	契約CF	割引後CF
X3年3月末	―	7	7	7
X4年3月末	400	7	407	397
X5年3月末	300	3	303	292
合計	700	17	717	696

〈資料3〉非上場株式一覧表（内部管理資料）

（単位：百万円）

銘柄	X1年3月末 取得価額	X1年3月末 時価評価額	増加	減少	X2年3月末 取得価額	X2年3月末 時価評価額	摘要
A株	800	800	—	—	800	800	—
B株	200	200	—	200	—	—	売却
C株	—	—	300	—	300	300	—
計	1,000	1,000	300	200	1,100	1,100	—

〈資料4〉満期保有目的の債券（国債）の明細表（内部管理資料）

（単位：百万円）

回数	満期日 X3年3月末	X4年3月末	X5年3月末	X6年3月末
第1回	100	—	—	—
第2回	—	120	—	—
第3回	—	—	80	—
第4回	—	—	—	50
合計	100	120	80	50

小問1　〈資料1〉の空欄（　a　）に当てはまる金額を答えなさい。
　　　　長期借入金（差額）　　　　　　　　百万円

小問2　〈資料1〉の空欄（　b　）に当てはまる金額を答えなさい。
　　　　非上場株式　　　　　　　　百万円

小問3　〈資料1〉の空欄（　c　）に当てはまる金額を答えなさい。
　　　　満期保有目的の債券（国債）　　　　　　　　百万円

解答・解説

本問は、金融商品関係の注記事項を問う問題である。どのような注記の基礎資料を作成しなければならないか理解していただきたい。

小問1
解答: 長期借入金（差額）　△4　百万円
解説: 〈資料2〉の割引後CFの合計額から元本返済の合計額を控除して求める。

　　　696百万円－700百万円＝△4百万円（解答）

小問2
解答: 非上場株式　1,100　百万円
解説: 〈資料3〉のX2年3月末の金額から転記すると解答が得られる。

小問3
解答: 満期保有目的の債券（国債）　250　百万円
解説: 〈資料4〉の満期日がX4年3月末～X6年3月末まで（償還期限が1年超5年未満のもの）の「合計」を合算して求める。なお、X3年3月末に満期日が来る（償還期限が1年以内の）100百万円を含めない点に留意していただきたい。

　　　120百万円＋80百万円＋50百万円＝250百万円（解答）

●Column　DCF（ディスカウント・キャッシュ・フロー）とは

　割引後CFは、DCF（ディスカウント・キャッシュ・フロー）と呼ばれることがある。なぜ、キャッシュ（お金）を割引きするかと言えば、お金の時間価値を考慮し、現在と将来という異なる時点の比較を可能にするためである。具体例で確認すると以下のようになる。

　仮に100万円を貰える場合、今日貰うのと、1年後に貰うのとではどちらの方が有利か確かめてみる。

　100万円を今日貰い、その足で銀行に預ければ、1年後には利子が付いて返ってくる。仮に、銀行の利子率が1％の場合、1年後には今日の100万円は101万円になる。つまり、100万円を今日貰った方が有利なのである。

　では、1年後の100万円は今日の価値だといくらになるのか、言い換えると利子率1％で1年間運用したときに100万円にするためにはいくら銀行に預ける必要かということを計算する。これは次のように求められる。

　100／（1＋0.01）≒99万円

　つまり1年後の100万円は現在の価値では約99万円に相当する。

　今日貰える100万円には100万円の価値が、1年後に貰える100万円には99万円の価値があることになる。このことからも100万円は今日貰った方が有利だということがわかる。

　このようにお金には時間的な価値がある。DCFは将来得られるキャッシュを現在の価値に直して、同じ時点でキャッシュの価値を比較する。

　上記の例で使った利子率1％のことをDCFでは割引率という。

第17問　I 有価証券報告書
有価証券関係

難易度 ★☆☆ 易

以下の資料に基づいて、有価証券関係の注記事項に関する各小問に答えなさい。なお、百万円未満の金額等、資料から判明しない事項について考慮する必要はない。

〈資料1〉有価証券関係の注記（一部抜粋）

1. 満期保有目的の債券

（省略）

2. その他有価証券
前連結会計年度（平成X1年3月31日）

（省略）

当連結会計年度（平成X2年3月31日）

（単位：百万円）

区分	連結貸借対照表計上額	取得原価	差額
連結貸借対照表計上額が取得原価を超えるもの 　株式	×××	×××	×××
小計	×××	×××	×××
連結貸借対照表計上額が取得原価を超えないもの 　株式 　その他	（　a　） ×××	××× ×××	△××× △×××
小計	×××	×××	△×××
合計	×××	×××	×××

3. 連結会計年度中に売却したその他有価証券
前連結会計年度（自　平成X0年4月1日　至　平成X1年3月31日）

（省略）

当連結会計年度（自 平成X1年4月1日　至　平成X2年3月31日）

（単位：百万円）

区分	売却額	売却益の合計額	売却損の合計額
株式	×××	（　b　）	×××
合計	×××	×××	×××

4. 減損処理を行った有価証券
　当連結会計年度において、その他有価証券で時価のある株式について（　c　）百万円減損処理を行っております。
　なお、下落率が30～50％の株式の減損にあたっては、個別銘柄ごとに、連結会計年度における最高値・最安値と帳簿価格との乖離状況等保有有価証券の時価水準を把握するとともに発行体の外部信用格付や公表財務諸表ベースでの各種財務比率の検討等により信用リスクの定量評価を行い、総合的に判断しております。

〈資料2〉有価証券管理表（内部管理資料の一部）

株式銘柄	X1年3月末 取得価額	X1年3月末 時価評価額	増加	減少	X2年3月末 取得価額	X2年3月末 時価評価額	評価差額	税効果	摘要
イ	100	121	—	100	—	—	—	—	131で売却
ロ	20,000	20,789	—	—	20,000	20,809	809	324	—
ハ	—	—	200	—	200	190	△10	△4	期中に購入
ニ	400	285	—	201	199	180	△19	△8	期中に減損
計	20,500	21,195	200	301	20,399	21,179	780	312	—

・法定実効税率は、40％である。
・繰延税金資産の回収可能性に問題はないものとする。
・保有目的は、すべて「その他有価証券」である。

小問1　〈資料1〉の空欄（　a　）に当てはまる金額を答えなさい。
　　　連結貸借対照表計上額　　　　　　　百万円

小問2　〈資料1〉の空欄（　b　）に当てはまる金額を答えなさい。
　　　売却益の合計額　　　　　　　百万円

小問3　〈資料1〉の空欄（　c　）に当てはまる金額を答えなさい。
　　　減損処理額　　　　　　　百万円

解答・解説

本問は、有価証券関係の注記事項を問う問題である。どのような注記の基礎資料を作成しなければならないか、基礎資料のどこの数値を転記しなければならないかという点を理解していただきたい。また、連結包括利益計算書関係・金融商品関係の注記事項との関連も併せて理解していただきたい。

小問1

解答： 連結貸借対照表計上額　　370　百万円

解説： 「連結貸借対照表計上額が取得原価を超えないもの」とは、時価評価額が取得価額を超えないものであるため、〈資料2〉のハ株式と二株式のX2年3月末の時価評価額の合計額を転記すればよい。

190百万円＋180百万円＝370百万円（解答）

小問2

解答： 売却益の合計額　　31　百万円

解説： 〈資料2〉のイ株式の売却価額131百万円から取得価額100百万円を控除して求める。

131百万円－100百万円＝31百万円（解答）

小問3

解答： 減損処理額　　201　百万円

解説： 〈資料2〉の二株式の減損額201百万円を転記すればよい。

● Column　有価証券管理表の様式について

　有価証券に関連する会計処理のため、各社各様の様式により管理資料を作成しているが、例えば、以下のような様式により所有している有価証券の帳簿価額と時価評価額等を把握していくのも有用である。

〈有価証券管理表（例）〉

種類	銘柄	X1年3月31日				増加			減少			X2年3月31日					備考
		株式数	取得単価	帳簿価額	時価単価	時価評価額	株式数	単価	価額	株式数	単価	価額	株式数	単価	帳簿価額	時価単価	時価評価額	評価損益	
上場株式																			株式分割
																		合併に伴う株式交換
																		減損
																		持ち株会
非上場株式																			
関係会社株式																			

第18問 I 有価証券報告書 デリバティブ取引関係

難易度 ★☆☆ 易

　以下の資料に基づいて、デリバティブ取引関係の注記事項に関する各小問に答えなさい。なお、資料から判明しない事項について考慮する必要はない。また、解答にあたっては、マイナス表示については△を付し、百万円未満については切り捨てること。

〈資料1〉デリバティブ取引関係の注記（一部抜粋）

1. ヘッジ会計が適用されていないデリバティブ取引
(1) 通貨関連
　　前連結会計年度（平成X1年3月31日）
　　　　　　　　　　　（省略）

　　当連結会計年度（平成X2年3月31日）

（単位：百万円）

	種類	契約額等	契約額等のうち1年超	時価	評価損益
市場取引以外の取引	為替予約 売建 　米ドル 　韓国ウォン 買建 　米ドル	××× ××× ××× ××× ×××	— — — —	××× ××× ××× ×××	（ a ） ××× ×××
合計		×××	—	×××	×××

（注）時価の算定方法　先物為替相場に基づき算定しております。

(2) 金利関係
　　　　　　　　　　　（省略）

2. ヘッジ会計が適用されているデリバティブ取引
(1) 通貨関連
　　前連結会計年度（平成X1年3月31日）
　　　　　　　　　　　（省略）

当連結会計年度（平成X2年3月31日）

(単位：百万円)

ヘッジ会計の方法	デリバティブ取引の種類等	主なヘッジ対象	契約額等	契約額等のうち1年超	時価
繰延ヘッジ処理	為替予約取引 売建 　米ドル 　韓国ウォン	外貨建予定取引	××× ×××	— —	（ b ） ×××
合計			×××	—	×××

（注）時価の算定方法　先物為替相場に基づき算定しております。

(2) 金利関係

前連結会計年度（平成X1年3月31日）

(省略)

当連結会計年度（平成X2年3月31日）

(単位：百万円)

ヘッジ会計の方法	デリバティブ取引の種類等	主なヘッジ対象	契約額等	契約額等のうち1年超	時価
原則的処理方法	金利スワップ取引 支払固定・受取変動	長期借入金	×××	×××	（ c ）
金利スワップの特例処理	金利スワップ取引 支払固定・変動受取	長期借入金	×××	×××	（注）
合計			×××	×××	×××

（注）金利スワップの特例処理によるものは、ヘッジ対象とされている長期借入金と一体として処理されているため、その時価は、当該長期借入金の時価に含めて記載しております。

〈資料2〉為替予約に係る時価評価額のお知らせ（銀行からの入手資料）

為替予約の時価評価額のお知らせ

××株式会社　様

株式会社××銀行

締結日	予約番号	予約外貨額（米ドル）	未使用残高（米ドル）	相手通貨	予約相場	評価損益（円）
××	①	700,000.00	700,000.00	JPY	81.08	15,874,277
××	②	600,000.00	600,000.00	JPY	80.25	11,629,587
××	③	500,000.00	500,000.00	JPY	79.47	−3,195,428
××	④	400,000.00	400,000.00	JPY	78.88	−2,516,664
合計			2,200,000.00	—	—	21,791,772

・上記契約は、すべて売建（円売りドル買い）である。
・上記契約のうち予約番号①③は、ヘッジ会計を適用していない。
・上記契約のうち予約番号②④は、ヘッジ会計を適用している。

〈資料3〉金利スワップ取引に係る時価評価額のお知らせ（銀行からの入手資料）

金利スワップ取引に係る時価評価額のお知らせ

××株式会社　御中

株式会社××銀行

契約番号	取引開始日〜最終期限	想定元本金額（円）	適用利率	時価評価額（円）
①	××〜××	200,000,000	TIBOR＋0.9500	−3,397,628
②	××〜××	300,000,000	TIBOR＋1.0500	−5,829,174
合計				×××

・上記契約は、すべてヘッジ会計（原則的処理方法）を適用している。

小問1　〈資料1〉の空欄（　a　）に当てはまる金額を答えなさい。
　　　　評価損益　　　　　　　百万円

小問2　〈資料1〉の空欄（　b　）に当てはまる金額を答えなさい。
　　　　時価　　　　　　　百万円

小問3　〈資料1〉の空欄（　c　）に当てはまる金額を答えなさい。
　　　　時価　　　　　　　百万円

解答・解説

本問は、デリバティブ取引関係の注記事項を問う問題である。デリバティブ取引関係の注記事項は、多くの会社では取引金融機関から時価情報を入手し管理資料等を作成して対応している場合が多い。銀行から入手した資料のうち、どの情報が有価証券報告書に注記されるかを理解していただきたい。

小問1

解答： 評価損益　| 12 |　百万円

解説： 〈資料2〉の契約番号①③（ヘッジ会計が適用されていない契約）の「評価損益」の合計額を転記すればよい。

15,874,277円－3,195,428円＝12,678,849円（解答）

小問2

解答： 時価　| 9 |　百万円

解説： 〈資料2〉の契約番号②④（ヘッジ会計が適用されている契約）の「評価損益」の合計額を転記すればよい。

11,629,587円－2,516,664円＝9,112,923円（解答）

小問3

解答： 時価　| △9 |　百万円

解説： 〈資料3〉の「時価評価額」の合計額を転記すればよい。

－3,397,628円－5,829,174円＝－9,226,802円（解答）

第19問 Ⅰ 有価証券報告書 退職給付関係

難易度 ★★★ 難

以下の資料に基づいて、退職給付関係の注記事項に関する各小問に答えなさい。なお、百万円未満の金額等、資料から判明しない事項について考慮する必要はない。

〈資料1〉退職給付関係の注記（一部抜粋）

1. 採用している退職給付制度の概要
    当社及び…（省略）。

2. 退職給付債務に関する事項

	前連結会計年度 （平成X1年3月31日）	当連結会計年度 （平成X2年3月31日）
(1) 退職給付債務（百万円）	△14,016	（　　　）
(2) 年金資産（百万円）	6,455	（　　　）
(3) 未積立退職給付債務 　（(1)+(2)）（百万円）	△7,561	（　　　）
(4) 未認識数理計算上の差異（百万円）	△48	（　　　）
(5) 未認識過去勤務債務（債務の減額） 　（百万円）	21	（　　　）
(6) 連結貸借対照表計上額純額 　（(3)+(4)+(5)）（百万円）	△7,588	（　　　）
(7) 前払年金費用（百万円）	730	（　　　）
(8) 退職給付引当金（(6)−(7)）（百万円）	△8,318	（　　　）

3. 退職給付費用に関する事項

	前連結会計年度 (自 平成X年4月1日 至 平成X1年3月31日)	当連結会計年度 (自 平成X1年4月1日 至 平成X2年3月31日)
(1) 勤務費用（百万円）	893	( )
(2) 利息費用（百万円）	262	( )
(3) 期待運用収益（百万円）	△112	( )
(4) 数理計算上の差異の費用処理額（百万円）	116	( )
(5) 過去勤務債務の費用処理額（百万円）	17	( )
(6) 退職給付費用（百万円）	1,176	( )

4. 退職給付債務等の計算の基礎となる事項

(省略)

〈資料2〉退職給付引当金等の内部管理用計算シート（連結決算用）（平成X2年3月31日）

(単位：百万円)	提出会社	国内連結子会社	海外連結子会社	合計
退職給付債務	△4,170	△9,722	△999	△14,891
年金資産	1,902	4,530	448	6,880
未積立退職給付債務	△2,268	△5,192	△551	△8,011
未認識数理計算上の差異	130	△159	14	△15
未認識過去勤務債務	—	4	—	4
連結貸借対照表計上額純額	△2,138	△5,347	△537	△8,022
前払年金費用	—	683	—	683
退職給付引当金	△2,138	△6,030	△537	△8,705

(単位：百万円)	提出会社	国内連結子会社	海外連結子会社	合計
勤務費用	84	710	118	912
利息費用	80	178	19	277
期待運用収益	△36	△87	△5	△128
数理計算上の差異の費用処理額	32	△79	95	48
過去勤務債務の費用処理額	—	17	—	17
退職給付費用	160	739	227	1,126

〈資料3〉退職給付引当金等の内部管理用計算シート（単体決算用）

（単位：百万円）		前事業年度 （平成X1年3月31日）	当事業年度 （平成X2年3月31日）
イ	退職給付債務	△4,000	△4,170
ロ	年金資産	1,800	1,902
ハ	未積立退職給付債務（イ+ロ）	△2,200	△2,268
ニ	未認識数理計算上の差異	148	130
ホ	貸借対照表計上額純額（ハ+ニ）	△2,052	△2,138
ヘ	前払年金費用	—	—
ト	退職給付引当金（ホ−ヘ）	△2,052	△2,138

（単位：百万円）		前事業年度 （自 平成X年4月1日 至 平成X1年3月31日）	当事業年度 （自 平成X1年4月1日 至 平成X2年3月31日）
イ	勤務費用	83	84
ロ	利息費用	78	80
ハ	期待運用収益	△30	△36
ニ	数理計算上の差異の費用処理額	35	32
ホ	退職給付費用（イ+ロ+ハ+ニ）	166	160
	計	166	160

		前事業年度 （自 平成X年4月1日 至 平成X1年3月31日）	当事業年度 （自 平成X1年4月1日 至 平成X2年3月31日）
イ	退職給付見込額の期間配分方法	期間定額基準	期間定額基準
ロ	割引率（％）	（　　）	（ a ）
ハ	期待運用収益率（％）	（　　）	（　　）
ニ	過去勤務債務の額の処理年数(年)	4年	4年
ホ	数理計算上の差異の処理年数(年)	4年	4年

※前事業年度及び当事業年度の割引率は同じであったとする。

〈資料4〉 前期末（平成X1年3月期）に入手した提出会社（単体）の退職給付債務等の計算を委託しているアクチュアリーからのデータ（一部抜粋）

    データ基準日　　　　　　平成X0年4月1日
    評価基準日　　　　　　　平成X0年4月1日
    翌期の勤務費用　　　　（　　　）百万円
    退職給付債務　　　　　（　　　）百万円
    割引率　　　　　　　　　（　a　）％

〈資料5〉 当期末（平成X2年3月期）に入手した提出会社（単体）の退職給付債務等の計算を委託しているアクチュアリーからのデータ（一部抜粋）

    データ基準日　　　　　　平成X1年4月1日
    評価基準日　　　　　　　平成X1年4月1日
    翌期の勤務費用　　　　　　86百万円
    退職給付債務　　　　　（　b　）百万円
    割引率　　　　　　　　　（　a　）％

〈資料6〉 提出会社（単体）の退職給付債務等の計算前提

会社は、貸借対照表日の1年前をデータ等の基準日として退職給付債務等を算定し、データ等の基準日から貸借対照表日までの期間の勤務費用等を適切に調整して貸借対照表日現在の退職給付債務等を算定している。

小問1　〈資料3〉、〈資料4〉及び〈資料5〉の空欄（　a　）の割引率を答えなさい。なお、解答に当たり端数が生じる場合には、小数点以下第3位を四捨五入し第2位まで求めること。

   割引率　　　　　　　　　　　　　　％

小問2　〈資料5〉の空欄（　b　）の退職給付債務を答えなさい。なお、解答に当たり端数が生じる場合には、最終解答数値の段階で小数点以下第1位を四捨五入すること。なお、平成X1年3月期に年金資産からの年金給付額はなく、平成X2年3月期には年金資産からの年金給付額が22百万円あるものとする。

   退職給付債務　　　　　　　　　　　百万円

小問3 提出会社（単体）における平成X2年3月期の年金資産からの年金給付額が22百万円、年金資産への掛金拠出額が74百万円である場合、提出会社（単体）で発生した平成X2年3月期の数理計算上の差異を答えなさい。なお、解答に当たっては、差異の有利・不利についても判定しなさい。

退職給付債務に係る
数理計算上の差異　　　　[　　　]　百万円（（　）差異）

年金資産に係る数理
計算上の差異　　　　　　[　　　]　百万円（（　）差異）

解答・解説

本問は、退職給付関係の注記事項に関する問題である。退職給付計算は、割引率の設定や数理差異の遅延認識処理等、帳簿外での処理が多く、管理用の計算シートを適切に作成しておく必要がある。また、退職給付債務等の計算をアクチュアリー等の外部の機関に委託する場合には、決算業務の進行を見据えて委託のタイミングを十分考慮すると共に、入手データの使用方法を理解しておく必要があろう。

小問1

解答： 割引率　　2.00 ％

解説： 利息費用は期首の退職給付債務に割引率を乗じることにより求める。この関係を利用すれば、割引率は以下の計算式によって求めることができる。

割引率：
当事業年度の利息費用80百万円÷前事業年度の退職給付債務4,000百万円
×100＝2.00%（解答）

なお、期待運用収益は期首の年金資産に期待運用収益率を乗じることによって求める。この関係を利用すれば、期待運用収益率は以下の計算式によって求めることができる。

期待運用収益率：
当事業年度の期待運用収益36百万円÷前事業年度の年金資産1,800百万円
×100＝2.00%

小問2

解答： 退職給付債務　　4,025 百万円

解説： アクチュアリーからの数理計算結果データと退職給付引当金の計算の関係を問う問題である。実務の現場でもアクチュアリーのデータを用いて退職給付関連の計算を行うことは多い。したがって、どのように当該データを用いて計算を行うのかについてよく理解しておく必要がある。

アクチュアリーからのデータの入手には一定の時間がかかることが通常であるため、期末日を基準日としてアクチュアリーに数理計算を依頼した場合には、データの入手が遅れ、決算作業に支障を来たす可能性がある。したがって、退職給付計算における実務では、期末日よりも前の日を基準日に指定してアクチュアリーに数理計算を依頼するケースが多い。

本問では、貸借対照表日の1年前をデータ等の基準日としてアクチュア

リーのデータを入手しているため、期末になって初めて期首の退職給付債務と翌期の勤務費用の実績金額が判明することになる。

このような場合には、貸借対照表日までの期間の勤務費用等を適切に調整して貸借対照表日現在の退職給付債務等を算定することになる。なお、このような調整を一般に「転がし計算」と呼ぶこともある。

データ基準日である平成X1年4月1日における退職給付債務を転がし計算により調整して当期末の退職給付債務の金額が求められる関係にあることから、平成X1年4月1日における退職給付債務は以下の計算式で求めることができる。なお、当期には年金資産からの年金給付額が22百万円あることに留意する。

（当期末の退職給付債務4,170百万円（〈資料3〉より）－当期の勤務費用の実績86百万円（〈資料5〉より）＋年金資産からの年金給付額22百万円）÷（1＋割引率2％）＝4,025百万円（解答）

なお、〈資料4〉の前期末（平成X1年3月期）に入手したアクチュアリーからのデータの空欄は以下のように求めることができる。

「翌期の勤務費用」：

前期末（平成X1年3月期）に入手したアクチュアリーからのデータは、そのデータ基準日及び評価基準日が前期末の1年前の平成X0年3月末であることから、「翌期の勤務費用」に記載されている金額は平成X1年3月期の実績金額となる。転がし計算により、平成X1年3月期の勤務費用の実績金額を調整して平成X2年3月期の勤務費用を算定していることから、平成X1年3月期の勤務費用の実績金額（「翌期の勤務費用」）は以下のように平成X2年3月期の勤務費用から逆算して求めることができる。

当期の勤務費用84百万円（〈資料3〉より）÷（1＋割引率2％）＝82百万円

「退職給付債務」：

データ基準日の平成X0年4月1日における退職給付債務を転がし計算により調整して平成X1年3月末の退職給付債務の金額が求められる関係にあることから、平成X0年4月1日における退職給付債務は以下の計算式で求めることができる。

（前期末の退職給付債務4,000百万円（〈資料3〉より）－前期の勤務費用の実績82百万円（上記説明の「翌期の勤務費用」より）÷（1＋割引率2％）＝3,841百万円

小問3

解答：退職給付債務に係る
　　　数理計算上の差異　　　　28　　百万円（(不利) 差異）

　　　年金資産に係る数理
　　　計算上の差異　　　　　　14　　百万円（(有利) 差異）

解説：　実務上では退職給付会計のワークシートを作成して、数理計算上の差異等を計算することが多い。設問の資料に基づき提出会社（単体）のワークシートを作成すると以下のようになる。

	実際 X1/4/1		退職給付費用		年金/掛金支払額	予測 X2/3/31	数理計算上の差異	実際 X2/3/31
退職給付債務	(4,000)	S	(84)	P	22	(4,142)	(28)（解答）	(4,170)
		I	(80)					
年金資産	1,800	R	36	P	(22)	1,888	14（解答）	1,902
				C	74			
未積立退職給付債務	(2,200)					(2,254)		(2,268)
未認識数理計算上の差異	148	A	(32)			116	14	130
退職給付引当金	(2,052)		(160)		74	(2,138)	0	(2,138)

ワークシート上で用いている記号は以下のとおりである。
S：勤務費用、I：利息費用、R：期待運用収益、P：年金又は退職金支払額、C：掛金拠出額、
A：未認識数理計算上の差異の費用処理額

　　以上より、提出会社（単体）で発生した平成X2年3月期の数理計算上の差異は、退職給付債務から28百万円（＝4,170百万円－4,142百万円）、年金資産から14百万円（＝1,902百万円－1,888百万円）となる。なお、退職給付債務については、債務の実際額4,170百万円が予測額4,142百万円を上回るため不利差異、年金資産については、債権の実際額1,902百万円が予測額1,888百万円を上回るため有利差異となる。

　　なお、〈資料1〉の2.及び3.の注記事項は、〈資料2〉の計算シートから完成させることができる。結果は、次頁のとおりである。

2. 退職給付債務に関する事項

	前連結会計年度 (平成X1年3月31日)	当連結会計年度 (平成X2年3月31日)
(1) 退職給付債務(百万円)	△14,016	△14,891
(2) 年金資産(百万円)	6,455	6,880
(3) 未積立退職給付債務 ((1)+(2))(百万円)	△7,561	△8,011
(4) 未認識数理計算上の差異(百万円)	△48	△15
(5) 未認識過去勤務債務(債務の減額)(百万円)	21	4
(6) 連結貸借対照表計上額純額 ((3)+(4)+(5))(百万円)	△7,588	△8,022
(7) 前払年金費用(百万円)	730	683
(8) 退職給付引当金((6)−(7))(百万円)	△8,318	△8,705

3. 退職給付費用に関する事項

	前連結会計年度 (自 平成X年4月1日 至 平成X1年3月31日)	当連結会計年度 (自 平成X1年4月1日 至 平成X2年3月31日)
(1) 勤務費用(百万円)	893	912
(2) 利息費用(百万円)	262	277
(3) 期待運用収益(百万円)	△112	△128
(4) 数理計算上の差異の費用処理額(百万円)	116	48
(5) 過去勤務債務の費用処理額(百万円)	17	17
(6) 退職給付費用(百万円)	1,176	1,126

第20問 I 有価証券報告書
ストック・オプション等関係①

難易度 ★★☆ 普

以下の資料に基づいて、当連結会計年度（平成**4年4月1日～平成**5年3月31日）におけるストック・オプションに関する各小問に答えなさい。なお、資料から判明しない事項について考慮する必要はない。

〈資料1〉新株予約権等の状況（一部抜粋）

会社法第236条、第238条及び第239条の規定に基づき発行した新株予約権は、次のとおりであります。

株主総会の特別決議日（平成**1年6月30日）		
	事業年度末現在 平成**5年3月31日	提出日の前月末現在 平成**5年5月31日
新株予約権の数（個）	5,000	同左
新株予約権のうち自己新株予約権の数（個）	―	―
新株予約権の目的となる株式の種類	普通株式	同左
新株予約権の目的となる株式の数（株）	（ a ）	同左
新株予約権の行使時の払込金額（円）	1株当たり1	同左
新株予約権の行使期間	平成**4年7月1日～平成**14年5月31日	同左
新株予約権の行使により株式を発行する場合の株式の発行価格及び資本組入額（円）	発行価格　　　1 資本組入額　　1	同左
新株予約権の行使の条件	（注）1～3	同左
新株予約権の譲渡に関する事項	新株予約権を譲渡するには、取締役会の承認を要するものとする。	同左
代用払込みに関する事項	―	―
組織再編成行為に伴う新株予約権の交付に関する事項	―	―

（注）1．新株予約権の分割行使はできないものとします（新株予約権1個を最低行使単位とします）。
　　　2．対象者は、新株予約権の行使時において、当社、当社子会社又は当社関連会社の取締役、監査役、執行役員又は従業員等の地位にあることを要します。
　　　3．……

〈**資料2**〉連結株主資本等変動計算書関係の注記（一部抜粋）
　当連結会計年度（自　平成**4年4月1日　至　平成**5年3月31日）
1. 発行済株式に関する事項
　　……

2. 自己株式に関する事項

	当連結会計年度期首	増加	減少	当連結会計年度末
普通株式（千株）	269	1	（ b ）	（　　）

（変動事由の概要）
増加は単元未満株式の買取りによるものであり、減少はストック・オプション行使によるものであります。

〈**資料3**〉ストック・オプションの内容（一部抜粋）

	平成**1年ストック・オプション
会社名	提出会社
決議年月日	平成**1年6月30日
付与対象者の区分及び人数（名）	当社役員　×× 当社従業員　××
株式の種類及び付与数（株）	普通株式　16,000
付与日	平成**1年6月30日
権利確定条件	（注）
対象勤務期間	平成**1年6月30日～平成**4年6月30日
権利行使期間	平成**4年7月1日～平成*14年5月31日

（注）1. 対象者は、新株予約権の行使時において、当社、当社子会社又は当社関連会社の取締役、監査役、執行役員又は従業員等の地位にあることを要します。
　　　2. その他の権利行使の条件等については、「新株予約権等の状況」に記載のとおりであります。

〈資料4〉ストック・オプションの規模及びその変動状況（一部抜粋）
　当連結会計年度（平成**5年3月31日）において存在したストック・オプションを対象とし、ストック・オプションの数については、株式数に換算して記載しております。
① ストック・オプションの数

	平成**1年ストック・オプション	平成**2年ストック・オプション	平成**3年ストック・オプション	平成**4年ストック・オプション
会社名	提出会社	提出会社	提出会社	A社
決議年月日	平成**1年6月30日	平成**2年6月30日	平成**3年6月30日	平成**4年6月30日
権利確定前（株）				
前連結会計年度末	（　）	12,000	40,000	—
付与	—	—	—	6,000
失効	—	—	—	—
権利確定	（　）	—	—	—
未確定残	（　）	12,000	40,000	6,000
権利確定後（株）				
前連結会計年度末	（　）	—	—	—
権利確定	（ c ）	—	—	—
権利行使	11,000	—	—	—
失効	—	—	—	—
未行使残	5,000	—	—	—

小問1　〈資料1〉の空欄（ a ）に入る数値を答えなさい。
　　　　新株予約権の目的となる株式の数　　　　　　　　株

小問2　〈資料2〉の空欄（ b ）に入る数値を答えなさい。
　　　　減少した自己株式数　　　　　　　　千株

小問3　〈資料4〉の空欄（ c ）に入る数値を答えなさい。
　　　　権利確定株式数　　　　　　　　株

解答・解説

本問は、有価証券報告書の「第4【提出会社の状況】」の【株式等の状況】に記載されるストック・オプションに関する開示内容と連結株主資本等変動計算書関係の注記事項、ストック・オプション等関係の注記事項との相互関係を問う問題である。有価証券報告書を作成する際は、これらの関係に留意する必要がある。

小問1

解答： 新株予約権の目的となる株式の数　　5,000　株

解説：〈資料1〉の「新株予約権の目的となる株式の数（株）」（ a ）は〈資料4〉の「① ストック・オプションの数」の「未行使残」と一致する。〈資料1〉の「新株予約権の数（個）」と、（ a ）が一致することから、新株予約権1個につき普通株式1株が割り当てられることがわかる。

小問2

解答： 減少した自己株式数　　11　千株

解説：〈資料2〉の「(変動事由の概要)」から、自己株式の減少はストック・オプション行使によるものであることがわかるため、（ b ）は〈資料4〉の「① ストック・オプションの数」の「権利行使数」と一致する。

小問3

解答： 権利確定株式数　　16,000　株

解説：〈資料3〉より、平成＊＊1年ストック・オプションは当連結会計年度中の平成＊＊4年6月30日をもって権利確定となることがわかる。〈資料4〉の表中の権利行使数（11,000株）と未行使残数（5,000株）の合計額からも求めることができる。

第21問 Ⅰ 有価証券報告書 ストック・オプション等関係②

難易度 ★★★ 難

以下の資料に基づいて、当連結会計年度（平成＊＊4年4月1日～平成＊＊5年3月31日）におけるストック・オプションに関する各小問に答えなさい。計算の結果端数が生じる場合は、計算の最終段階で小数点第1位を四捨五入して解答しなさい。なお、発行日から権利確定日までの退職者は見込んでおらず、権利確定条件等の条件変更は一切行われていない。その他資料から判明しない事項について考慮しなくてよい。

〈資料1〉新株予約権等の状況（一部抜粋）
　会社法第236条、第238条及び第239条の規定に基づき発行した新株予約権は、次のとおりであります。

株主総会の特別決議日（平成＊＊1年6月30日）		
	事業年度末現在 平成＊＊5年3月31日	提出日の前月末現在 平成＊＊5年5月31日
新株予約権の数（個）	5,000	同左
新株予約権のうち自己新株予約権の数（個）	―	―
新株予約権の目的となる株式の種類	普通株式	同左
新株予約権の目的となる株式の数（株）	5,000	同左
新株予約権の行使時の払込金額（円）	1株当たり1	同左
新株予約権の行使期間	平成＊＊4年7月1日～ 平成＊14年5月31日	同左
新株予約権の行使により株式を発行する場合の株式の発行価格及び資本組入額（円）	発行価格　　　　1 資本組入額　　　1	同左
新株予約権の行使の条件	（注）1～3	同左
新株予約権の譲渡に関する事項	新株予約権を譲渡するには、取締役会の承認を要するものとする。	同左
代用払込みに関する事項	―	―
組織再編成行為に伴う新株予約権の交付に関する事項	―	―

（注）1．新株予約権の分割行使はできないものとします（新株予約権1個を最低行使単位としま

　　　　す)。
　2. 対象者は、新株予約権の行使時において、当社、当社子会社又は当社関連会社の取締役、監査役、執行役員又は従業員等の地位にあることを要します。
　3. ……

株主総会の特別決議日（平成＊＊3年6月30日）		
	事業年度末現在 平成＊＊5年3月31日	提出日の前月末現在 平成＊＊5年5月31日
新株予約権の数（個）	40,000	同左
新株予約権のうち自己新株予約権の数（個）	—	—
新株予約権の目的となる株式の種類	普通株式	同左
新株予約権の目的となる株式の数（株）	40,000	同左
新株予約権の行使時の払込金額（円）	1株当たり1	同左
新株予約権の行使期間	平成＊＊6年7月1日～ 平成＊16年5月31日	同左
新株予約権の行使により株式を発行する場合の株式の発行価格及び資本組入額（円）	発行価格　　　　1 資本組入額　　　1	同左
新株予約権の行使の条件	（注）1～3	同左
新株予約権の譲渡に関する事項	新株予約権を譲渡するには、取締役会の承認を要するものとする。	同左
代用払込みに関する事項	—	—
組織再編成行為に伴う新株予約権の交付に関する事項	—	—

（注）1. 新株予約権の分割行使はできないものとします（新株予約権1個を最低行使単位とします)。
　　 2. 対象者は、新株予約権の行使時において、当社、当社子会社又は当社関連会社の取締役、監査役、執行役員又は従業員等の地位にあることを要します。
　　 3. ……

〈資料2〉ストック・オプションの内容（一部抜粋）

	平成**1年ストック・オプション
会社名	提出会社
決議年月日	平成**1年6月30日
付与対象者の区分及び人数（名）	当社役員　　×× 当社従業員　××
株式の種類及び付与数（株）	普通株式　16,000株
付与日	平成**1年6月30日
権利確定条件	（注）
対象勤務期間	平成**1年6月30日～平成**4年6月30日
権利行使期間	平成**4年7月1日～平成*14年5月31日

（注）1　対象者は、新株予約権の行使時において、当社、当社子会社又は当社関連会社の取締役、監査役、執行役員又は従業員等の地位にあることを要します。
　　　2　その他の権利行使の条件等については、「新株予約権等の状況」に記載のとおりです。

	平成**3年ストック・オプション
会社名	提出会社
決議年月日	平成**3年6月30日
付与対象者の区分及び人数（名）	当社役員　　×× 当社従業員　××
株式の種類及び付与数（株）	普通株式　40,000株
付与日	平成**3年6月30日
権利確定条件	（注）
対象勤務期間	平成**3年6月30日～平成**6年6月30日
権利行使期間	平成**6年7月1日～平成*16年5月31日

（注）（平成**1年ストック・オプション同様）

Ⅰ　有価証券報告書

〈**資料3**〉ストック・オプションの規模及びその変動状況（一部抜粋）

当連結会計年度（平成**5年3月31日）において存在したストック・オプションを対象とし、ストック・オプションの数については、株式数に換算して記載しております。

① ストック・オプションの数

	平成**1年ストック・オプション	平成**2年ストック・オプション	平成**3年ストック・オプション	平成**4年ストック・オプション
会社名	提出会社	提出会社	提出会社	A社
決議年月日	平成**1年6月30日	平成**2年6月30日	平成**3年6月30日	平成**4年6月30日
権利確定前（株）				
前連結会計年度末	16,000	12,000	40,000	―
付与	―	―	―	6,000
失効	―	―	―	―
権利確定	16,000	―	―	―
未確定残	―	12,000	40,000	6,000
権利確定後（株）				
前連結会計年度末	―	―	―	―
権利確定	16,000	―	―	―
権利行使	11,000	―	―	―
失効	―	―	―	―
未行使残	5,000	―	―	―

② 単価情報

	平成**1年ストック・オプション	平成**2年ストック・オプション	平成**3年ストック・オプション	平成**4年ストック・オプション
会社名	提出会社	提出会社	提出会社	A社
決議年月日	平成**1年6月30日	平成**2年6月30日	平成**3年6月30日	平成**4年6月30日
権利行使価格（円）	1	1	1	1
行使時平均株価（円）	6,000	—	—	—
付与日における公正な評価単価（円）	7,010	6,730	6,260	6,670

小問1　提出会社の平成**1年ストック・オプションの権利行使に伴い、会社担当者は下記の仕訳を起票した。空欄（　A　）に入る金額を答えなさい。なお、処分する自己株式の取得原価は1株当たり6,820円とする。

（借方）	新株予約権	（　）円	（貸方）	自己株式	（　）円
	払込金額	（　）円		自己株式処分差益	（　A　）円

自己株式処分差益　[　　　　]円

小問2　提出会社の平成**3年ストック・オプションについて、当期に計上された費用額を答えなさい。円単位で解答すること。

当期費用計上額　[　　　　]円

小問3　提出会社の平成**3年ストック・オプションについて、仮に、平成**4年6月の総会決議で対象勤務期間が1年延長される条件変更があった場合、当期に計上される費用額を答えなさい。

当期費用計上額　[　　　　]円

解答・解説

本問は、有価証券報告書の「第4【提出会社の状況】」の【株式等の状況】で記載されるストック・オプションの開示内容と連結株主資本等変動計算書関係の注記事項、ストック・オプション等関係の注記事項との相互関係を問う問題である。有価証券報告書を作成する際は、これらの関係に留意する必要がある。

小問1

解答： 自己株式処分差益　 2,101,000 円

解説： 仕訳は以下のとおりとなる。

（借方）新株予約権　　　　　77,110,000円（*1）
　　　　払込金額　　　　　　　　11,000円（*2）
（貸方）自己株式　　　　　　75,020,000円（*3）
　　　　自己株式処分差益　　 2,101,000円（*4）

(*1) 行使されたストック・オプションの金額：11,000株(*a)
　　×7,010円(*b)＝77,110,000円
　　(*a)：〈資料3〉① ストック・オプションの数　平成＊＊1年ストック・オプション「権利行使」より
　　(*b)：〈資料3〉② 単価情報　平成＊＊1年ストック・オプション「付与日における公正な評価単価（円）」より
(*2) 払込金額：11,000株×1円(*c)＝11,000
　　(*c)：〈資料1〉株主総会の特別決議日（平成＊＊1年6月30日）「新株予約権の行使時の払込金額（円）」より
(*3) 処分した自己株式の取得原価：11,000株×6,820円(*d)
　　＝75,020,000円
　　(*d)：小問1 問題文より
(*4) 自己株式処分差益：77,110,000円(*1)＋11,000円(*2)
　　－75,020,000円(*3)＝2,101,000円

小問2

解答： 当期費用計上額　 83,466,667 円

解説： (*1) 平成＊＊3年7月1日～平成＊＊4年3月31日（発行から前期末）
　　40,000個(*e)×6,260円/個(*f)×9月(*g)/36月(*h)＝62,600,000円
　　(*e)：〈資料3〉① ストック・オプションの数　平成＊＊3年ストック・オプション「未確定残」より

118

(*f)：〈資料3〉② 単価情報 平成**3年ストック・オプション「付与日における公正な評価単価（円）」より
(*g)：平成**3年7月1日～平成**4年3月31日
(*h)：〈資料2〉平成**3年ストック・オプション「対象勤務期間」より（平成**3年6月30日～平成**6年6月30日）
(*2) 平成**3年7月1日～平成**5年3月31日（発行から当期末）
40,000個(*e)×6,260円/個(*f)×21月(*i)/36月(*h)
＝146,066,666.666…円
(*i)：平成**3年7月1日～平成**5年3月31日
(*3) 平成**4年4月1日～平成**5年3月31日（当期費用額）
146,066,666.666…円(*2)－62,600,000円(*1)≒83,466,667円

小問3

解答： 当期費用計上額 　62,600,000　円

解説： (*1) 平成**3年7月1日～平成**4年3月31日（発行から前期末）
40,000個(*e)×6,260円/個(*f)×9月(*g)/36月(*h)＝62,600,000円
(*2) 平成**3年7月1日～平成**4年6月30日（発行から条件変更前）
40,000個(*e)×6,260円/個(*f)×12月(*j)/36月(*h)
＝83,466,666.666…円
(*j)：平成**3年7月1日～平成**4年6月30日
(*3) 平成**4年4月1日～平成**4年6月30日（条件変更前当期費用額）
83,466,666.666…円(*2)－62,600,000円(*1)＝20,866,666.666…円
(*4) 平成**4年7月1日～平成**5年3月31日（条件変更後当期費用額）
(40,000個(*e)×6,260円/個(*f)－83,466,666.666…(*2))
×9月(*k)/36月(*l)＝41,733,333.333…円
(*k)：平成**4年7月1日～平成**5年3月31日
(*l)：問題文より対象勤務期間延長（平成**4年6月30日～平成**7年6月30日）
(*5) 平成**4年4月1日～平成**5年3月31日（当期費用額合計）
20,866,666.666…円(*3)＋41,733,333.333…円(*4)＝62,600,000円

第22問 Ⅰ 有価証券報告書
税効果会計関係①

難易度 ★★☆ 普

　以下の資料に基づいて、税効果会計関係の注記事項に関する各小問に答えなさい。なお、百万円未満の金額等、資料から判明しない事項について考慮する必要はない。また、金額で解答するものについては百万円単位切捨てで解答し、比率（％）で解答するものについては小数点以下第3位を四捨五入すること。

〈資料1〉連結貸借対照表（資産の部）

（単位：百万円）

	前連結会計年度 （平成X1年3月31日）	当連結会計年度 （平成X2年3月31日）
資産の部		
流動資産		
現金及び預金	9,490	8,832
受取手形及び売掛金	20,744	22,731
有価証券	31,167	38,676
商品及び製品	14,534	18,653
仕掛品	6,299	7,208
原材料及び貯蔵品	2,243	2,293
繰延税金資産	4,438	4,602
その他	3,273	4,569
貸倒引当金	△31	△192
流動資産合計	92,157	107,372
固定資産		
有形固定資産		
建物及び構築物	20,072	20,266
減価償却累計額	△12,500	△12,560
建物及び構築物（純額）	7,572	7,706
機械装置及び運搬具	11,673	12,623
減価償却累計額	△9,476	△9,793
機械装置及び運搬具（純額）	2,197	2,830
土地	4,393	4,295
建設仮勘定	623	3,252
その他	4,818	4,827
減価償却累計額	△4,247	△4,151
その他（純額）	571	676
有形固定資産合計	15,356	18,759

無形固定資産		
その他	931	702
無形固定資産合計	931	702
投資その他の資産		
投資有価証券	2,453	2,621
繰延税金資産	3,418	3,455
その他	2,987	2,298
貸倒引当金	△1,242	△339
投資その他の資産合計	7,616	8,035
固定資産合計	23,903	27,496
資産合計	116,060	134,868

〈資料2〉 連結損益計算書（一部抜粋）

（単位：百万円）

	前連結会計年度 (自　平成X0年4月1日 　至　平成X1年3月31日)	当連結会計年度 (自　平成X1年4月1日 　至　平成X2年3月31日)
税金等調整前当期純利益又は税金等調整前当期純損失（△）	△1,295	16,596
法人税、住民税及び事業税	958	4,914
法人税等調整額	△837	△452
法人税等合計	121	4,462
少数株主損益調整前当期純利益又は少数株主損益調整前当期純損失（△）	△1,416	12,134
少数株主利益	90	147
当期純利益又は当期純損失（△）	△1,506	11,987

〈資料3〉税効果会計関係の注記

1　繰延税金資産及び繰延税金負債の発生の主な原因別の内訳

	前連結会計年度 （平成X1年3月31日）		当連結会計年度 （平成X2年3月31日）	
（繰延税金資産）				
退職給付引当金	3,350	百万円	3,529	百万円
税務上の繰越欠損金	2,453	〃	246	〃
試験研究費の繰越税額控除	916	〃	985	〃
たな卸資産評価損	714	〃	786	〃
賞与引当金	404	〃	745	〃
減損損失	352	〃	376	〃
製品保証引当金	318	〃	466	〃
たな卸資産に係る未実現利益	305	〃	1,718	〃
貸倒引当金	244	〃	263	〃
その他	1,271	〃	1,437	〃
繰延税金資産小計	10,327	〃	10,551	〃
評価性引当額	△1,743	〃	（△　b　）	〃
繰延税金資産合計	8,584	〃	（　　　）	〃
（繰延税金負債）				
在外子会社の留保利益	△493	〃	△514	〃
前払年金費用	△296	〃	△319	〃
その他有価証券評価差額金	△284	〃	△272	〃
その他	△193	〃	△257	〃
繰延税金負債合計	△1,266	〃	△1,362	〃
繰延税金資産の純額	7,318	〃	（　a　）	〃

（注）前連結会計年度及び当連結会計年度における繰延税金資産の純額は、連結貸借対照表の以下の項目に含まれております。

	前連結会計年度 （平成X1年3月31日）		当連結会計年度 （平成X2年3月31日）	
流動資産-繰延税金資産	4,438	百万円	（　　）	百万円
固定資産-繰延税金資産	3,418	〃	（　　）	〃
流動負債-その他	△454	〃	△288	〃
固定負債-その他	△84	〃	△85	〃

2 法定実効税率と税効果会計適用後の法人税等の負担率との差異の原因となった主な項目別の内訳

	前連結会計年度 （平成X1年3月31日）	当連結会計年度 （平成X2年3月31日）
国内の法定実効税率	—	40.69 ％
（調整）		
未実現利益消去による影響額	—	△4.15 〃
未認識税効果の影響額	—	△1.89 〃
税率差異による影響額	—	△2.26 〃
税額控除等	—	△7.22 〃
在外子会社の留保利益	—	(　　　) 〃
その他	—	(　　　) 〃
税効果会計適用後の法人税等の負担率	—	(c) 〃

（注）前連結会計年度は、税金等調整前当期純損失であるため注記を省略しております。

小問1　〈資料3〉の空欄（ a ）に入る金額を答えなさい。
　　　　繰延税金資産の純額　　　　　　　　　　□百万円

小問2　〈資料3〉の空欄（ b ）に入る金額を答えなさい。
　　　　評価性引当額　　　　　　　　　　　　　□百万円

小問3　〈資料3〉の空欄（ c ）に入る数値を答えなさい。
　　　　税効果会計適用後の法人税等の負担率　　□％

解答・解説

　本問は、連結財務諸表と連結財務諸表の注記事項である（税効果会計関係）の注記との相互関係を問う問題である。有価証券報告書を作成する際は、これらの関係に留意する必要がある。

小問1

解答：　繰延税金資産の純額　　　7,684　百万円

解説：　〈資料3〉の「流動資産−繰延税金資産」、「固定資産−繰延税金資産」の金額は連結貸借対照表上別掲表示されているため、必ず金額が一致する。

　　　繰延税金資産の純額＝4,602百万円＋3,455百万円−288百万円−85百万円
　　　　　　　　　　　　＝7,684百万円

小問2

解答：　評価性引当額　　　1,505　百万円

解説：　小問1より繰延税金資産の純額が7,684百万円と判明するため、繰延税金資産合計は以下のように逆算して求めることができる。

　　　繰延税金資産合計＝7,684百万円＋1,362百万円＝9,046百万円

　したがって、空欄（　b　）は繰延税金資産小計と繰延税金資産合計との差額から求めることができる。

　　　評価性引当額＝10,551百万円−9,046百万円＝1,505百万円

小問3

解答：　税効果会計適用後の法人税等の負担率　　　26.89　％

解説：　「税効果会計適用後の法人税等の負担率」は、以下の算式により求めることができる。

$$税効果会計適用後の法人税等の負担率＝\frac{法人税等合計}{税金等調整前当期純利益}\times 100$$

　したがって、
　4,462百万円÷16,596百万円×100≒26.89％（小数点以下第3位四捨五入）

第23問 I 有価証券報告書
税効果会計関係②

難易度 ★★☆ 普

以下の資料に基づいて、税効果会計関係の注記事項に関する各小問に答えなさい。なお、百万円未満の金額等、資料から判明しない事項について考慮する必要はない。また、解答にあたっては、計算の最終段階で小数点以下第3位を四捨五入し、マイナス表示については△を付すこと。

〈資料1〉連結損益計算書（一部抜粋）

（単位：百万円）

	前連結会計年度 （自　平成X0年4月1日 至　平成X1年3月31日）	当連結会計年度 （自　平成X1年4月1日 至　平成X2年3月31日）
税金等調整前当期純利益又は税金等調整前当期純損失（△）	△1,295	16,596
法人税、住民税及び事業税	958	4,914
法人税等調整額	△837	△452
法人税等合計	121	4,462
少数株主損益調整前当期純利益又は少数株主損益調整前当期純損失（△）	△1,416	12,134
少数株主利益	90	147
当期純利益又は当期純損失（△）	△1,506	11,987

〈資料2〉 当社及び連結子会社の税務調整項目及び税金一覧表

(単位：百万円)

項目	差異の種類	当社 前期	当社 当期	B社 前期	B社 当期	C社 前期	C社 当期	D社 前期	D社 当期	E社 前期	E社 当期
税引前当期純利益		…	…	…	…	…	…	…	…	…	…
加算											
未払事業税	一時	…	…	…	…	…	…	…	…	…	…
賞与引当金	一時	…	…	…	…	…	…	…	…	…	…
：	：	：	：	：	：	：	：	：	：	：	：
交際費	永久	198	231	99	158	17	40	8	29	12	42
：	：	：	：	：	：	：	：	：	：	：	：
減算											
：	：	：	：	：	：	：	：	：	：	：	：
受取配当金	永久	15	10	7	5	—	—	—	—	—	—
：	：	：	：	：	：	：	：	：	：	：	：
課税所得											
連結修正		…	…	…	…	…	…	…	…	…	…
未実現利益		…	…	…	…	…	…	…	…	…	…
：	：	：	：	：	：	：	：	：	：	：	：
法人税等の計上額											
法人税		…	…	…	…	…	…	…	…	…	…
住民税		…	…	…	…	…	…	…	…	…	…
住民税均等割		52	53	44	45	10	10	8	7	6	5
事業税		…	…	…	…	…	…	…	…	…	…

〈資料3〉法定実効税率と税効果会計適用後の法人税等の負担率との差異の原因となった主な項目別の内訳

国内の法定実効税率	40.69%
（調整）	
税額控除等	△7.22%
未実現利益消去による影響額	△4.15%
税率差異による影響額	△2.26%
未認識税効果の影響額	△1.89%
交際費等永久に損金に算入されない項目	(a)%
受取配当金等永久に益金に算入されない項目	(b)%
住民税均等割	(c)%
その他	( )%
税効果会計適用後の法人税等の負担率	( )%

小問1 〈資料3〉の空欄（ a ）に入る数値を答えなさい。
　　　交際費等永久に損金に算入されない項目　　　[　　　]%

小問2 〈資料3〉の空欄（ b ）に入る数値を答えなさい。
　　　受取配当金等永久に益金に算入されない項目　[　　　]%

小問3 〈資料3〉の空欄（ c ）に入る数値を答えなさい。
　　　住民税均等割　　　　　　　　　　　　　　　[　　　]%

解答・解説

本問は、連結税効果の基礎資料をもとに連結財務諸表の注記で必要となる数値を算定させる問題である。連結税効果は、連結子会社ごとによって状況が異なるため、連結子会社での一時差異及び永久差異の情報の入手が不可欠である。また、連結消去仕訳で発生する一時差異もあることから、〈資料2〉のような様式の基礎資料を作成することが必要となる。

小問1

解答： 交際費等永久に損金に算入されない項目　　| 1.23 |　%

解説： 当期の交際費の金額は、当社からE社までの合計500百万円である。

500百万円×40.69%÷16,596百万円×100≒1.23%

小問2

解答： 受取配当金等永久に益金に算入されない項目　　| △0.04 |　%

解説： 当期の受取配当金の金額は、当社とB社の合計15百万円である。
受取配当金については、益金不算入であるため、マイナス（△）となる。

△15百万円×40.69%÷16,596百万円×100≒△0.04%

小問3

解答： 住民税均等割　　| 0.72 |　%

解説： 当期の住民税均等割の金額は、当社からE社までの合計120百万円である。
住民税均等割は税額であるため、税率を掛けないよう注意する。

120百万円÷16,596百万円×100≒0.72%

	金額	税額	率
国内の法定実効税率			40.69%
税金等調整前当期純利益	16,596	6,753	40.69%
・・・	・・・	・・・	・・・
交際費等永久に損金に算入されない項目	500	203	(a　1.23%)
受取配当金等永久に益金に算入されない項目	△15	△6	(b△0.04%)
住民税均等割		120	(c　0.72%)
・・・			

● Column　連結税効果会計関係の注記作成のために ●

連結財務諸表の税効果会計関係の注記事項「法定実効税率と税効果会計適用後の法人税等の負担率との差異の原因となった主な項目別の内訳」を作成するには、連結財務諸表を作成する際に連結子会社の財務諸表を単純合算してから連結消去仕訳を切って作成していくのと同様に、本問の〈資料2〉のような連結子会社各社の税務調整項目及び税金等計上額の一覧を作成し、連結上必要な修正を行って連結固有の税務調整項目等を加味する必要がある。

〈税務調整項目及び税金一覧表（例）〉

項目	差異の種類	当社 前期	当社 当期	B社 前期	B社 当期	C社 前期	C社 当期	D社 前期	D社 当期	E社 前期	E社 当期
税引前当期純利益		…	…	…	…	…	…	…	…	…	…
加算											
未払事業税	一時	…	…	…	…	…	…	…	…	…	…
賞与引当金	一時	…	…	…	…	…	…	…	…	…	…
：	：	：	：	：	：	：	：	：	：	：	：
交際費	永久	198	231	99	158	17	40	8	29	12	42
：	：	：	：	：	：	：	：	：	：	：	：
減算											
：	：	：	：	：	：	：	：	：	：	：	：
受取配当金	永久	15	10	7	5	―	―	―	―	―	―
：	：	：	：	：	：	：	：	：	：	：	：
課税所得											
連結修正		…	…	…	…	…	…	…	…	…	…
未実現利益		…	…	…	…	…	…	…	…	…	…
：	：										
法人税等の計上額											
法人税		…	…	…	…	…	…	…	…	…	…
住民税		…	…	…	…	…	…	…	…	…	…
住民税均等割		52	53	44	45	10	10	8	7	6	5
事業税		…	…	…	…	…	…	…	…	…	…

第24問 Ⅰ 有価証券報告書
税効果会計関係③

難易度 ★★☆ 普

以下の資料に基づいて、税効果会計関係の注記事項に関する各小問に答えなさい。なお、百万円未満の金額等、資料から判明しない事項について考慮する必要はない。また、解答にあたっては、計算の最終段階で小数点以下第3位を四捨五入し、マイナス表示については△を付すこと。

〈資料1〉連結損益計算書（一部抜粋）

（単位：百万円）

	前連結会計年度 （自 平成X0年4月1日 　至 平成X1年3月31日）	当連結会計年度 （自 平成X1年4月1日 　至 平成X2年3月31日）
税金等調整前当期純利益又は税金等調整前当期純損失（△）	△ 1,295	16,596
法人税、住民税及び事業税	958	4,914
法人税等調整額	△ 837	△ 452
法人税等合計	121	4,462
少数株主損益調整前当期純利益又は少数株主損益調整前当期純損失（△）	△ 1,416	12,134
少数株主利益	90	147
当期純利益又は当期純損失（△）	△ 1,506	11,987

〈資料2〉

2　法定実効税率と税効果会計適用後の法人税等の負担率との差異の原因となった主な項目別の内訳

	前連結会計年度 （平成X1年3月31日）	当連結会計年度 （平成X2年3月31日）
国内の法定実効税率	―	40.69 ％
（調整）		
未実現利益消去による影響額	―	△ 4.15 〃
未認識税効果の影響額	―	△ 1.89 〃
税率差異による影響額	―	△ 2.26 〃
税額控除等	―	△ 7.22 〃
在外子会社の留保利益	―	△ 0.24 〃
その他	―	1.96 〃
税効果会計適用後の法人税等の負担率	―	26.89 〃

（注）前連結会計年度は、税金等調整前当期純損失であるため注記を省略しております。

〈資料3〉
　仮に、決算日までに税制改正が公布され、来期から国内の法定実効税率が35.64％に下がることが決定したとする。この法定実効税率変更による繰延税金資産・負債に与える影響額が850百万円、法人税等調整額に与える影響額が800百万円であった場合、「法定実効税率と税効果会計適用後の法人税等の負担率との間に重要な差異があるときの、当該差異の原因となった主要な項目別の内訳」は以下のとおりとなる。

国内の法定実効税率	（ a ）%
（調整）	
未実現利益消去による影響額	△ 4.15%
未認識税効果の影響額	△ 1.89%
税率差異による影響額	△ 2.26%
税額控除等	△ 7.22%
在外子会社の留保利益	△ 0.24%
税率変更による期末繰延税金資産の減額修正	（ b ）%
その他	1.96%
税効果会計適用後の法人税等の負担率	（ c ）%

小問1 〈資料3〉の空欄（ a ）に入る数値を答えなさい。
　　　　国内の法定実効税率　　　　　　　　　　　　□ ％

小問2 〈資料3〉の空欄（ b ）に入る数値を答えなさい。
　　　　税率変更による期末繰延税金資産の減額修正　□ ％

小問3 〈資料3〉の空欄（ c ）に入る数値を答えなさい。
　　　　税効果会計適用後の法人税等の負担率　　　　□ ％

解答・解説

本問は、法定実効税率の変更があった場合の連結財務諸表の注記で必要となる数値を算定させる問題である。

小問1

解答： 国内の法定実効税率　　　40.69　％

解説： 当期の注記においては、あくまでも当期の法定実効税率と当期の法人税等の負担率との差異を分析する必要がある。

小問2

解答： 税率変更による期末繰延税金資産の減額修正　　4.82　％

解説： 800百万円÷16,596百万円×100＝4.82％

法人税等調整額に与える影響額（800百万円）のみが差異項目となる。その他有価証券評価差額金等が繰延税金資産・負債に与える影響額は、法定実効税率と当期の法人税等の負担率との差異の原因とはならない。

小問3

解答： 税効果会計適用後の法人税等の負担率　　31.71　％

解説： （4,462百万円＋800百万円）÷16,596百万円×100＝31.71％

法定実効税率が減少し、繰延税金資産・負債の純額が減少するため、法人税等調整額は借方（費用）方向に増加することとなる。

第25問 セグメント情報等①

I 有価証券報告書

難易度 ★★☆ 普

以下の資料に基づいて、マネージメント・アプローチによるセグメント情報等に関する各小問に答えなさい。なお、経営者による事業セグメントの識別及び集約結果は下表のとおりであり、経営者はこの事業セグメントに基づき意思決定を行っている。

会社名	事業の種類
P社	自動車部品
P社	船舶用品
S1社	ソフトウェア
S2社	電子部品
S3社	不動産事業

※P社は連結財務諸表提出会社、S1社、S2社、S3社はいずれもP社の連結子会社である。

なお、以下の資料から判明しない事項について考慮する必要はない。

〈資料1〉P社の販売費及び一般管理費は、以下のとおりである。

(単位:円)

項目	直課 自動車部品事業部	直課 船舶事業部	直課 小計	配賦可能 共通費	配賦不能 その他	合計
発生費用分類						
販売促進費	500	300	800	―	―	800
運送費	600	400	1,000	300	―	1,300
広告宣伝費	700	300	1,000	300	30	1,330
給料手当	700	500	1,200	240	50	1,490
試験研究費	400	400	800	300	150	1,250
雑費	100	100	200	360	70	630
販売費及び一般管理費計	3,000	2,000	5,000	1,500	300	6,800

〈**資料2**〉P社の共通費の配賦基準は以下のとおりである。

項目	内容	配賦基準	配賦率 （自動車部品：船舶用品）
運送費	自動車部品、船舶用品の共同配送	売上高比	2：1
広告宣伝費	自動車部品、船舶用品に係る共同広告	売上高比	2：1
給料手当	営業管理部門の人件費	販売直接部門直課比	7：5
試験研究費	自動車部品、船舶用品に係る共同研究	直課比	1：1
雑費	販売間接部門の雑費	売上高比	2：1

〈**資料3**〉（一部抜粋）

会社別の事業区分別損益の状況は、以下のとおりである。

（単位：円）

会社名 事業部		P社 自動車部品	P社 船舶用品	P社 配賦不能	P社計	S1社 ソフトウェア	S2社 電子部品	S3社 不動産賃貸	合計
売上高	外部売上	6,730	5,870	—	12,600	900	16,000	3,000	32,500
	セグメント間	1,000	700	—	1,700	300	—	—	2,000
	計	7,730	6,570	—	14,300	1,200	16,000	3,000	34,500
売上原価	外部仕入	2,000	2,500	—	4,500	900	14,000	2,000	21,400
	セグメント間	1,000	1,000	—	2,000	—	—	—	2,000
	計	3,000	3,500	—	6,500	900	14,000	2,000	23,400
販管費	配賦可能費	(　)	(　)	—	(　)	200	2,050	1,130	(　)
	配賦不能費	—	—	(　)	(　)	—	—	—	(　)
	計	(　)	(　)	(　)	(　)	200	2,050	1,130	(　)
営業損益		(　)	(　)	(　)	(　)	100	△ 50	△ 130	(　)

〈資料4〉P社は、以下のように事業セグメントを認識・集約した。

(単位：円)

事業セグメント	売上高 外部売上高	売上高 セグメント間の内部売上高	合計	営業損益	資産
自動車部品	6,730	1,000	7,730	(　　)	3,700
船舶用品	5,870	700	6,570	(　　)	300
ソフトウェア	900	300	1,200	100	900
電子部品	16,000	—	16,000	△ 50	1,200
不動産賃貸	3,000	—	3,000	△ 130	500
全社	—	—	—	(　　)	2,000
計	32,500	2,000	34,500	(　　)	8,600

小問1　P社の販売費及び一般管理費を自動車部品事業部と船舶事業部の事業区分に従って集計し、それぞれの金額を答えなさい。

　　　自動車部品事業部　　[　　　　]円
　　　船舶事業部　　　　　[　　　　]円

小問2　自動車部品事業部の事業セグメント損益を答えなさい。

　　　事業セグメント損益　[　　　　]円

小問3　量的基準に基づくと開示する必要がない報告セグメントの外部売上高の合計を答えなさい。

　　　外部売上高の合計　　[　　　　]円

解答・解説

報告セグメントの作成の流れを問う問題である。用意された管理資料を使用し、小問1から小問3までを解くことで、開示までに至るセグメント情報の最低限の構造を理解してほしい。

小問1

解答：　自動車部品事業部　　3,930　円
　　　　船舶用品事業部　　　2,570　円

解説：

① 共通費の配賦

〈資料1〉、〈資料2〉を利用し、共通費を事業区分別に配賦すると、以下のとおりとなる。

（単位：円）

	項目	共通費	比率	自動車部品	船舶用品
i	運送費	300	2：1	200	100
ii	広告宣伝費	300	2：1	200	100
iii	給料手当	240	7：5	140	100
iv	試験研究費	300	1：1	150	150
v	雑費	360	2：1	240	120
	共通費計	1,500		930	570

② 事業区分別集計

①の結果を利用して各事業部の販売費及び一般管理費を事業区分別に集計すると、以下のとおりとなる。

（単位：円）

項目	自動車部品 直課	自動車部品 共通費配賦	自動車部品 小計	船舶用品 直課	船舶用品 共通費配賦	船舶用品 小計
販売促進費	500	—	500	300	—	300
運送費	600	200	800	400	100	500
広告宣伝費	700	200	900	300	100	400
給料手当	700	140	840	500	100	600
試験研究費	400	150	550	400	150	550
雑費	100	240	340	100	120	220
配賦後販管費計	3,000	930	3,930	2,000	570	2,570

小問2

解答: 事業セグメント損益　　800　円

解説: 自動車部品事業部の事業損益は〈資料3〉に 小問1 の解答を当てはめることで求めることができる。

(単位：円)

会社名		P社			P社計	S1社	S2社	S3社	合計
事業部		自動車部品	船舶用品	配賦不能		ソフトウェア	電子部品	不動産賃貸	
売上高	外部売上	6,730	5,870	—	12,600	900	16,000	3,000	32,500
	セグメント間	1,000	700	—	1,700	300	—	—	2,000
	計	7,730	6,570	—	14,300	1,200	16,000	3,000	34,500
売上原価	外部仕入	2,000	2,500	—	4,500	900	14,000	2,000	21,400
	セグメント間	1,000	1,000	—	2,000	—	—	—	2,000
	計	3,000	3,500	—	6,500	900	14,000	2,000	23,400
販管費	配賦可能費	3,930	2,570	—	6,500	200	2,050	1,130	9,880
	配賦不能費	—	—	300	300	—	—	—	300
	計	3,930	2,570	300	6,800	200	2,050	1,130	10,180
事業損益		800	500	△ 300	1,000	100	△ 50	△ 130	920

自動車部品事業の事業セグメント損益

売上高7,730円（＝6,730円＋1,000円）－売上原価3,000円（＝2,000円＋1,000円）
－販管費3,930円（ 小問1 より）＝800円（解答）

小問3

解答: 外部売上高の合計　　3,000　円
（不動産賃貸の事業セグメントの外部売上高）

解説: 小問2 で完成した〈資料3〉の情報により、〈資料4〉の事業損益を求める。

(単位：円)

事業セグメント	売上高 外部売上高	売上高 セグメント間の内部売上高	合計	事業損益	資産
自動車部品	6,730	1,000	7,730	800	3,700
船舶用品	5,870	700	6,570	500	300
ソフトウェア	900	300	1,200	100	900
電子部品	16,000	—	16,000	△ 50	1,200
不動産賃貸	3,000	—	3,000	△ 130	500
全社	—	—	—	△ 300	2,000
計	32,500	2,000	34,500	920	8,600

① 売上高による判定

事業セグメント間の内部売上高又は振替高を含む売上高がすべての事業セグメントの売上高の合計額の10％以上

・全セグメントの売上高34,500円×10％＝3,450円
・自動車部品の売上高7,730円≧3,450円　⇒　自動車部品は報告セグメントとして記載対象
・船舶用品の売上高6,570円≧3,450円　⇒　船舶用品は報告セグメントとして記載対象
・ソフトウェアの売上高1,200円＜3,450円　⇒　② 損益による判定へ
・電子部品の売上高16,000円≧3,450円　⇒　電子部品は報告セグメントとして記載対象
・不動産賃貸の売上高3,000円＜3,450円　⇒　② 損益による判定へ

② 損益による判定

利益又は損失の絶対値が、
　　　i　利益の生じているすべての事業セグメントの利益の合計額
　　又は
　　　ii　損失の生じているすべての事業セグメントの損失の合計額の絶対値
のいずれか大きい額の10％以上

・利益の生じているセグメントの利益の合計額
　　自動車部品：800円＋船舶用品：500円＋ソフトウェア：100円＝1,400円
・損失の生じているセグメントの損失の合計額の絶対値
　　電子部品：50円＋不動産賃貸：130円＝180円

いずれか大きい方の10%
　　　　1,400円×10％＝140円≧180円×10％＝18円
　　　ソフトウェアの利益の100円は140円を下回る　⇒　③　資産金額による判定へ

　　　不動産賃貸の損失の絶対値130円は140円を下回る　⇒　③　資産金額による判定へ

③　資産金額による判定
　資産がすべての事業セグメントの資産の合計額の10%以上
　　全セグメントの資産金額の合計額8,600円－2,000円＝6,600円
　　6,600円×10％＝660円
・ソフトウェアの資産金額900円は、660円を上回る。
　　⇒　ソフトウェアは報告セグメントとして記載対象
・不動産賃貸の資産金額500円は、660円を下回る。
　　⇒　不動産賃貸は報告セグメントとして記載対象外

　　⇒　記載対象外である不動産賃貸事業の外部売上高は3,000円（解答）

● **Column　セグメント情報等で利用される配分基準について** ●

　マネージメント・アプローチによりセグメント情報等の注記を作成する過程で、特定の収益、費用、資産及び負債を各事業セグメントに配分する必要がある。

　この配分を実施する際は、合理的な基準に従って配分しなければならないため、当該基準を検討し決定しなければならない。

　例えば、営業費用を考えてみる。営業費用はその費目の性質により各事業セグメントに直接配分できる費用と複数の事業セグメントで共通に発生しているため直接配分できない費用がある。

　直接配分できない営業費用は、その発生により便益を受ける程度に応じ、合理的な基準によって各事業セグメントに配分する。ただし、選択すべき配分基準として、特定の基準があるわけではないため、各企業の実情に即して合理的な基準を選択し継続して適用することとなる。

　そのため配分基準を明文化した資料として、例えば下表のような管理表を作成する。

項目	内容	配分基準	配分率
人件費	営業管理部門人件費	販売直接部門直課比	○：○
物流費	共同配送分	売上高比	○：○
広告宣伝費	共同広告活動	売上高比	○：○
試験研究費	共同研究部分	直課比	○：○
雑費	販売間接部門雑費	売上高比	○：○

　なお、いうまでもないことだが、配分基準は最高経営意思決定機関等により承認され、継続的に使用される必要があり、担当者の裁量で毎期変更されるようなことがあってはならない。

第26問 I 有価証券報告書
セグメント情報等②

難易度 ★★☆ 普

以下の資料に基づいて、マネージメント・アプローチによるセグメント情報等に関する各小問に答えなさい。なお、経営者による事業セグメントの識別及び集約結果は〈資料1〉のとおりである。なお、以下の資料から判明しない事項について考慮する必要はない。

〈資料1〉報告セグメント一覧

会社名	事業の種類	報告セグメント
P社	産業機械事業部	該当（産業機械関連）
P社	測定器事業部	該当（測定器関連）
S1社	測定器事業	該当（測定器関連）
S2社	電子部品販売事業	該当（電子部品販売関連）
S3社	不動産賃貸事業	非該当
S4社	ファイナンス事業	非該当

※P社は連結財務諸表提出会社であり、S1社、S2社、S3社、S4社はいずれもP社の連結子会社である。

〈資料2〉単純合算表（一部抜粋）

(単位：円)

	P社	S1社	S2社	S3社	S4社
×××	××	××	××	××	××
減損損失	(※)500	300	—	200	10
×××	××	××	××	××	××

(※)測定器関連事業の有形固定資産の減損損失に伴うものである。

〈資料3〉のれん償却管理表（一部抜粋）

(単位：円)

	発生年月日	発生事由	発生金額	償却期間
S1社	X1年4月1日	買収	700	5年
S3社	X2年4月1日	買収	1,000	10年
S2社	X3年4月1日	株式追加取得	△400	—

小問1 【報告セグメントごとの固定資産の減損損失に関する情報】に記載される①～③の金額を算定し、その合計を答えなさい。

当連結会計年度（自 平成X3年4月1日 至 平成X4年3月31日）

(単位：円)

	報告セグメント				その他(注)	全社・消去	合計
	産業機械関連	測定器関連	電子部品販売関連	計			
減損損失		①	②		③	―	

（注）「その他」の金額は、××事業に係るものであります。

①～③の合計金額 ☐ 円

小問2 【報告セグメントごとののれんの償却額及び未償却額残高に関する情報】に記載される④～⑥の金額を算定し、その合計を答えなさい。

当連結会計年度（自 平成X3年4月1日 至 平成X4年3月31日）

(単位：円)

	報告セグメント				その他(注)	全社・消去	合計
	産業機械関連	測定器関連	電子部品販売関連	計			
当期償却額		④			⑤	―	
当期末残高			⑥			―	

（注）「その他」の金額は、××事業に係るものであります。

④～⑥の合計金額 ☐ 円

小問3 【報告セグメントごとの負ののれん発生益に関する情報】に記載される⑦～⑨の金額を算定し、その合計を答えなさい。

当連結会計年度（自 平成X3年4月1日 至 平成X4年3月31日）

(単位：円)

	報告セグメント				その他(注)	調整額	連結財務諸表計上額
	産業機械関連	測定器関連	電子部品販売関連	計			
負ののれん発生益	⑦		⑧				⑨

（注）「その他」の金額は、××事業に係るものであります。

⑦～⑨の合計金額 ☐ 円

解答・解説

連結貸借対照表又は連結損益計算書において「固定資産の減損損失」、「のれんの償却額及び未償却残高」、「負ののれん発生益」を計上している場合の、報告セグメントにおける注記の内容を問う問題である。用意された管理資料を使用し、小問1から小問3を解くことで、具体的な注記の記載内容を理解してほしい。

小問1

解答： ①～③の合計金額　　1,010　円（＝①800円＋②0円＋③210円）

解説：「〈資料1〉報告セグメント一覧」と「〈資料2〉単純合算表（一部抜粋）」から、下記が判明する。

報告セグメント	該当会社	減損損失の金額
産業機械関連	P社	―
測定器関連	P社、S1社	800円（＝P：500円＋S1：300円）
電子部品販売	S2社	―
不動産賃貸（その他）	S3社	200円
ファイナンス（その他）	S4社	10円

これらの情報から注記を作成すると以下のようになる。

【報告セグメントごとの固定資産の減損損失に関する情報】

当連結会計年度（自　平成X3年4月1日　至　平成X4年3月31日）

（単位：円）

	報告セグメント			計	その他（注）	全社・消去	合計
	産業機械関連	測定器関連	電子部品販売関連				
減損損失	―	① 800	② ―	800	③ 210	―	1,010

（注）「その他」の金額は、不動産賃貸事業及びファイナンス事業に係るものであります。

小問2

解答: ④～⑥の合計金額　　240　　円（＝④140円＋⑤100円＋⑥0円）

解説:「〈資料1〉報告セグメント一覧」と「〈資料3〉のれん償却管理表（一部抜粋）」から、下記が判明する。

報告セグメント	該当会社	のれんの発生金額	当期償却額	既償却額	当期末残高
産業機械関連	P社	—	—	—	—
測定器関連	P社、S1社	700円（＝S1：700円）	140円（＝700円÷5年）	280円（＝140円×2年（×1/4/1～×3/3/31））	280円（＝700円－280円－140円）
電子部品販売	S2社	△400円	△400円	—	—
不動産賃貸（その他）	S3社	1,000円	100円（＝1,000円÷10年）	100円（＝100円×1年（×2/4/1～×3/3/31））	800円（＝1,000円－100円－100円）
ファイナンス（その他）	S4社	—	—	—	—

これらの情報から注記を作成すると以下のようになる。

【報告セグメントごとののれんの償却額及び未償却残高に関する情報】

当連結会計年度（自 平成X3年4月1日　至 平成X4年3月31日）

（単位：円）

	報告セグメント				その他 (注)	全社・消去	合計
	産業機械関連	測定器関連	電子部品販売関連	計			
当期償却額	—	④ 140	—	140	⑤ 100	—	240
当期末残高	—	280	⑥ —	280	800	—	1,080

（注）「その他」の金額は、不動産賃貸事業及びファイナンス事業に係るものであります。

小問3

解答： ⑦～⑨の合計金額　　800　円（＝⑦0円＋⑧400円＋⑨400円）

解説： 「〈資料1〉報告セグメント一覧」と「〈資料3〉のれん償却管理表（一部抜粋）」から、下記が判明する。

報告セグメント	該当会社	のれんの発生金額	当期償却額	既償却額	当期末残高
電子部品販売	S2社	△400	△400	—	—

これらの情報から注記を作成すると以下のようになる。

【報告セグメントごとの負ののれん発生益に関する情報】

当連結会計年度（自　平成X3年4月1日　至　平成X4年3月31日）

（単位：円）

	報告セグメント			計	その他 (注)	調整額	連結財務諸表計上額
	産業機械関連	測定器関連	電子部品販売関連				
負ののれん発生益	⑦ —	—	⑧ 400	400	—	—	⑨ 400

（注）「その他」の金額は、不動産賃貸事業及びファイナンス事業に係るものであります。

第27問 関連当事者情報①

I 有価証券報告書

難易度 ★★★ 難

以下の資料に基づいて、有価証券報告書における関連当事者情報に関する各小問に答えなさい。なお、開示対象外の金額は0円とする。また、百万円未満の金額等、資料から判明しない事項について考慮する必要はない。

〈資料1〉要約連結貸借対照表、要約連結損益計算書

要約連結貸借対照表

(単位：百万円)

	前連結会計年度 （平成X1年3月31日）	当連結会計年度 （平成X2年3月31日）
資産合計	116,059	134,868

要約連結損益計算書

(単位：百万円)

	前連結会計年度 （自 平成X0年4月1日 至 平成X1年3月31日）	当連結会計年度 （自 平成X1年4月1日 至 平成X2年3月31日）
売上高	69,773	111,453
売上原価	51,720	72,327
売上総利益	18,053	39,126
販売費及び一般管理費	18,416	22,814
営業利益又は営業損失（△）	△363	16,312
営業外収益合計	889	1,120
営業外費用合計	68	130
経常利益	458	17,302
特別利益合計	50	40
特別損失合計	1,802	746
税金等調整前当期純利益又は税金等調整前当期純損失（△）	△1,294	16,596
最近5年のうち、税金等調整前当期純利益が発生した年度の平均	15,500	16,000

146

〈資料2〉 要約貸借対照表、要約損益計算書
要約貸借対照表

(単位:百万円)

	前事業年度 (平成X1年3月31日)	当事業年度 (平成X2年3月31日)
資産合計	88,847	104,869

要約損益計算書

(単位:百万円)

	前事業年度 (自 平成X0年4月1日 至 平成X1年3月31日)	当事業年度 (自 平成X1年4月1日 至 平成X2年3月31日)
売上高	53,040	94,885
売上原価	48,728	80,471
売上総利益	4,312	14,414
販売費及び一般管理費	7,198	9,610
営業利益又は営業損失(△)	△2,886	4,804
営業外収益合計	686	2,529
営業外費用合計	131	200
経常利益	△2,331	7,133
特別利益合計	40	34
特別損失合計	1,556	91
税金等調整前当期純利益又は税金等調整前当期純損失(△)	△3,847	7,076
最近5年のうち、税金等調整前当期純利益が発生した年度の平均	6,500	7,000

〈資料3〉 当期に発生した取引の概要
1. 連結子会社A社から商品を仕入れており、当年度の仕入高は10,000百万円、買掛金残高は1,000百万円である。
2. 関連会社B社から商品を仕入れており、当年度の仕入高は9,500百万円、買掛金残高は1,300百万円である。
3. B社はA社に対して製品を販売しており、当年度のB社のA社に対する売上高は12,000百万円、売掛金残高は1,000百万円である。

4. 関連会社C社に固定資産を簿価1,500百万円で売却しており、売却損益は0円、期末債権残高は0円である。
5. B社はC社から土地を借りており、賃貸料は1,200百万円、前払費用残高は120百万円である。
6. 非連結子会社D社に事務所を提供しており、賃貸収入（営業外収益）は月額1,700千円である。当該賃貸借契約条件は、市場価格や公正な価格を勘案して一般取引条件と同様の決定をしていることが明白である。
7. 当社の議決権の30％を所有しているX社は、当社の銀行からの借入金期末残高1,500百万円に対して債務保証を行っている。
8. X社に対し、配当金を412百万円支払っている。
9. 当社の議決権の9％を所有している個人株主の義兄α氏に20百万円を貸し付けており、期末残高は20百万円である。
10. 当社の代表取締役β氏に対し、役員報酬を35百万円支払っている。
11. 当社の監査役γ氏は、当社グループの顧問弁護士である。当社はγ氏に顧問料を11百万円支払っており、期末債務残高はない。

〈資料4〉

(ア) 親会社及び法人主要株主等グループ

会社等の名称又は氏名	資料3番号	取引金額（百万円）	期末残高（百万円）
X社	7. 8.	(　　　) (　　　)	(　　　) (　　　)
合計		(　　　)	(　a　)

(イ) 関連会社等グループ

会社等の名称又は氏名	資料3番号	取引金額（百万円）	期末残高（百万円）
A社	1.	(　　　)	(　　　)
B社	2. 3. 5.	(　　　) (　　　) (　　　)	(　　　) (　　　) (　　　)
B社合計		(　　　)	(　　　)
C社	4. 5.	(　　　) (　　　)	(　　　) (　　　)
C社合計		(　　　)	(　　　)
D社	6.	(　　　)	(　　　)
A〜D合計		(　b　)	(　　　)

(ウ) 役員及び個人主要株主等グループ

会社等の名称又は氏名	資料3番号	取引金額（百万円）	期末残高（百万円）
α氏	9.	(　　　)	(　　　)
β氏	10.	(　　　)	(　　　)
γ氏	11.	(　　　)	(　　　)
合計		(　c　)	(　　　)

小問1 〈資料4〉の空欄（ a ）に入る金額を答えなさい。
　　　　期末残高　　　　　　　百万円

小問2 〈資料4〉の空欄（ b ）に入る金額を答えなさい。
　　　　取引金額　　　　　　　百万円

小問3 〈資料4〉の空欄（ c ）に入る金額を答えなさい。
　　　　取引金額　　　　　　　百万円

解答・解説

本問は、有価証券報告書における関連当事者情報の注記事項に関する問題である。会社法との異同について留意が必要である。第28問と合わせて確認されたい。

小問1

解答： 期末残高　　1,500　百万円

解説：〈資料4〉の（ア）親会社及び法人主要株主等グループの空欄を埋めると、以下のとおりとなる。

（ア）親会社及び法人主要株主等グループ

会社等の名称又は氏名	資料3番号	取引金額（百万円）	期末残高（百万円）
X社	7.	（　　　0　）	（　　1,500　）
	8.	（　　　0　）	（　　　　0　）
合計		（　　　0　）	（ a　1,500　）

小問2

解答： 取引金額　　13,500　百万円

解説：〈資料4〉の（イ）関連会社等グループの空欄を埋めると、以下のとおりとなる。

（イ）関連会社等グループ

会社等の名称又は氏名	資料3番号	取引金額（百万円）	期末残高（百万円）
A社	1.	（　　　0　）	（　　　0　）
B社	2.	（　　　0　）	（　　　0　）
	3.	（　12,000　）	（　1,000　）
	5.	（　　　0　）	（　　　0　）
B社合計		（　　　0　）	（　1,000　）
C社	4.	（　1,500　）	（　　　0　）
	5.	（　　　0　）	（　　　0　）
C社合計		（　1,500　）	（　　　0　）
D社	6.	（　　　0　）	（　　　0　）
A～D合計		（ b　13,500　）	（　1,000　）

小問3

解答： 取引金額 　11　 百万円

解説： 〈資料4〉の（ウ）役員及び個人主要株主等グループの空欄を埋めると、以下のとおりとなる。

（ウ）役員及び個人主要株主等グループ

会社等の名称又は氏名	資料3番号	取引金額（百万円）	期末残高（百万円）
α氏	9.	（　　0）	（　　0）
β氏	10.	（　　0）	（　　0）
γ氏	11.	（　　11）	（　　0）
合計		(c　11)	（　　0）

関連当事者の開示は、以下フローに沿って開示対象か否かを検討することとなる。

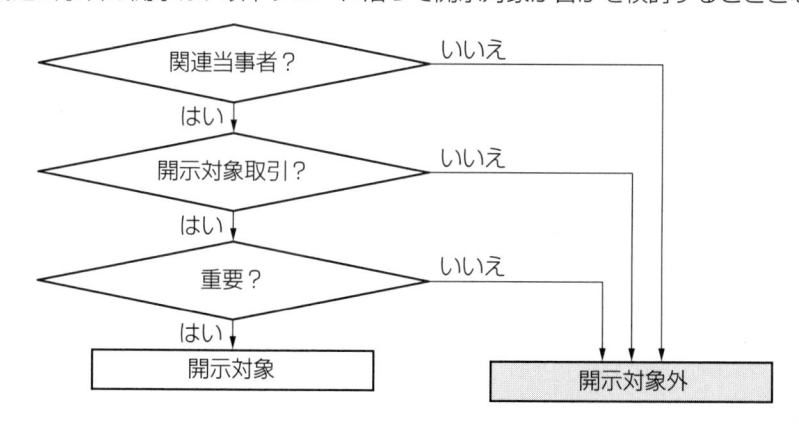

```
       関連当事者？ ──いいえ──┐
          │はい              │
       開示対象取引？ ──いいえ──┤
          │はい              │
         重要？ ──いいえ──────┤
          │はい              ↓
       開示対象          開示対象外
```

本問における関連当事者の範囲は、以下のとおりとなる。

連結財務諸表規則 （第15条の4）	会社計算規則 （第112条4項）	本問の場合
(1) 親会社	(1) 親会社	―
(2) 非連結子会社	(2) 子会社	A社（会社計算規則上のみ）、D社
(3) 作成会社と同一の親会社をもつ会社	(3) 親会社の子会社	―
(4) その他の関係会社並びに当該その他の関係会社の親会社及び子会社	(4) その他の関係会社並びに当該その他の関係会社の親会社及び子会社	X社

			B社、C社
(5) 関連会社及び当該関連会社の子会社	(5) 関連会社及び当該関連会社の子会社		B社、C社
(6) 主要株主及びその近親者（二親等内の親族。以下、同じ）	(6) 主要株主及びその近親者（二親等内の親族。以下、同じ）		α氏
(7) 役員及びその近親者	(7) 役員及びその近親者		β氏、γ氏
(8) 親会社の役員及びその近親者	(8) 親会社の役員又はこれらに準ずる者及びその近親者		―
(9) 重要な子会社の役員及びその近親者	―		―
(10) (6)～(9)に掲げる者が議決権の過半数を自己の計算において所有している会社及びその子会社	(9) (6)～(8)に掲げる者が他の会社等の議決権の過半数を自己の計算において所有している場合における当該会社等及び当該会社等の子会社		―
(11) 従業員のための企業年金（掛金の拠出以外の重要な取引を行う場合に限る）	(10) 従業員のための企業年金（重要な取引（掛金の拠出を除く）に限る）		―

※その他の関係会社：財務諸表作成会社が他の会社の関連会社である場合における当該他の会社
※主要株主：自己又は他人の名義をもって総株主の議決権の10％以上を保有している株主

本問における対象取引の重要性の基準値は、以下のとおりとなる。

	法人			個人
	基準値	本問における基準値		
		連結	個別	
損益計算書				
売上高	売上高の10％超	11,145	9,488	10百万円超
売上原価	売上原価と販管費の合計の10％超	9,514	9,008	
販管費				
営業外収益	営業外収益の10％超※	1,659	707	
営業外費用	営業外費用の10％超※	1,659	707	
特別利益	10百万円超※	1,659	707	
特別損失	10百万円超※	1,659	707	
貸借対照表				
資産・負債残高	総資産の1％超	1,348	1,048	10百万円超

| 資金貸借取引・固定資産の購入／売却取引等 | 総資産の1%超 | 1,348 | 1,048 |

※各項目の基準値、税金等調整前当期純損益の10％超、最近5年の平均の税金等調整前純損益の10％超のうち、いずれか大きい金額が基準値となる。したがって、本問においては税金等調整前当期純損益の10％超が基準値となる。

以上を基に〈資料3〉当期に発生した取引について検討すると、以下のとおりとなる。

取引	有報（第27問） 関連当事者？	有報（第27問） 開示対象取引？	有報（第27問） 重要？	有報（第27問） 開示？	会社法（第28問） 関連当事者？	会社法（第28問） 開示対象取引？	会社法（第28問） 重要？	会社法（第28問） 開示？
1.	×	—	—	×	○	○	○	○
2.	○	○	×	×	○	○	○	○
3.	○	○	○	○	×	—	—	×
4.	○	○	○	○	有報同様			
5.	○	×	—	×	有報同様			
6.	○	○	×	×	○	×	—	×
7.	○	○	○	○	有報同様			
8.	○	×	—	×				
9.	×	—	—	×				
10.	○	×	—	×				
11.	○	○	○	○				

1. A社は連結子会社であるため、有報上は関連当事者に該当しないが、会社法上は開示対象となる。
2. 有報上は重要性の基準値を超えないが、会社法上は超える。
3. A社に対する関連会社B社の売上は連結上相殺消去されないため、有報上は開示対象取引となる。しかし、会社法上は当社とB社が直接取引しているわけではないため、開示対象外取引となる。
4. 取引総額が重要性の基準値を超えるため、開示対象となる。
5. B社とC社はいずれも当社の関連当事者であるが、B社とC社の取引は当社及び当社連結グループとの取引ではないため、有報、会社法いずれも開示対象外取引となる。
6. 当該賃貸借契約条件は、市場価格や公正な価格を勘案して一般取引条件と同様の決定をしていることが明白であることから、会社法上は開示対象外取引であ

る。一方、D社は非連結子会社であるため、当該取引は連結上相殺消去されないことから、有報上は開示対象取引になる。しかし、重要性の観点から有報においても開示対象外となる。
7. 債務保証などの偶発債務の注記事項に係る取引も開示対象取引である。なお、債務保証等の重要性の判断は、期末における保証債務等の金額で判断する。
8. 一般競争入札による取引並びに預金利息及び配当の受け取りその他取引の性質からみて取引条件が一般の取引と同様であることが明白な取引は開示対象外取引である。
9. 自己又は他人の名義をもって総株主の議決権の10％以上を保有している株主及びその近親者（二親等以内の親族）は関連当事者となる。義兄は個人株主の近親者にあたるが、個人株主の議決権割合が9％であるため、個人株主は関連当事者に該当せず、したがって義兄も関連当事者に該当しない。
10. 役員報酬については、コーポレート・ガバナンスに関する情報のなかで役員報酬の内容の開示を規定していることから、開示対象外取引である。
11. 監査役も役員であるため、関連当事者に該当する。個人の場合の重要性の基準値は10百万円超であるため、開示対象となる。

第28問　I 有価証券報告書
関連当事者情報②

難易度 ★★☆ 普

以下の資料に基づいて、会社法における関連当事者情報に関する各小問に答えなさい。なお、開示対象外の金額は0円とする。また、百万円未満の金額等、資料から判明しない事項について考慮する必要はない。

〈資料1〉要約連結貸借対照表、要約連結損益計算書

要約連結貸借対照表

(単位：百万円)

	前連結会計年度 (平成X1年3月31日)	当連結会計年度 (平成X2年3月31日)
資産合計	116,059	134,868

要約連結損益計算書

(単位：百万円)

	前連結会計年度 (自　平成X0年4月1日 至　平成X1年3月31日)	当連結会計年度 (自　平成X1年4月1日 至　平成X2年3月31日)
売上高	69,773	111,453
売上原価	51,720	72,327
売上総利益	18,053	39,126
販売費及び一般管理費	18,416	22,814
営業利益又は営業損失(△)	△363	16,312
営業外収益合計	889	1,120
営業外費用合計	68	130
経常利益	458	17,302
特別利益合計	50	40
特別損失合計	1,802	746
税金等調整前当期純利益又は税金等調整前当期純損失(△)	△1,294	16,596
最近5年のうち、税金等調整前当期純利益が発生した年度の平均	15,500	16,000

〈資料2〉 要約貸借対照表、要約損益計算書

要約貸借対照表

(単位:百万円)

	前事業年度 (平成X1年3月31日)	前事業年度 (平成X2年3月31日)
資産合計	88,847	104,869

要約損益計算書

(単位:百万円)

	前事業年度 (自 平成X0年4月1日 至 平成X1年3月31日)	当事業年度 (自 平成X1年4月1日 至 平成X2年3月31日)
売上高	53,040	94,885
売上原価	48,728	80,471
売上総利益	4,312	14,414
販売費及び一般管理費	7,198	9,610
営業利益又は営業損失(△)	△2,886	4,804
営業外収益合計	686	2,529
営業外費用合計	131	200
経常利益	△2,331	7,133
特別利益合計	40	34
特別損失合計	1,556	91
税金等調整前当期純利益又は税金等調整前当期純損失(△)	△3,847	7,076
最近5年のうち、税金等調整前当期純利益が発生した年度の平均	6,500	7,000

〈資料3〉 当期に発生した取引の概要

1. 連結子会社A社から商品を仕入れており、当年度の仕入高は10,000百万円、買掛金残高は1,000百万円である。
2. 関連会社B社から商品を仕入れており、当年度の仕入高は9,500百万円、買掛金残高は1,300百万円である。
3. B社はA社に対して製品を販売しており、当年度のB社のA社に対する売上高は12,000百万円、売掛金残高は1,000百万円である。
4. 関連会社C社に固定資産を簿価1,500百万円で売却しており、売却損益は0円、期末債権残高は0円である。

5. B社はC社から土地を借りており、賃貸料は1,200百万円、前払費用残高は120百万円である。
6. 非連結子会社D社に事務所を提供しており、賃貸収入（営業外収益）は月額1,700千円である。当該賃貸借契約条件は、市場価格や公正な価格を勘案して一般の取引条件と同様のものを決定していることが明白である。

〈資料4〉
関連会社等グループ

会社等の名称又は氏名	資料3番号	取引金額（百万円）	期末残高（百万円）
A社	1.	（ a ）	（ ）
B社	2. 3. 5.	（ ） （ ） （ ）	（ ） （ ） （ ）
B社合計		（ ）	（ b ）
C社	4. 5.	（ ） （ ）	（ ） （ ）
C社合計		（ ）	（ ）
D社	6.	（ ）	（ ）
A〜D合計		（ c ）	（ ）

小問1　〈資料4〉の空欄（ a ）に入る金額を答えなさい。
　　　　取引金額　□□□百万円

小問2　〈資料4〉の空欄（ b ）に入る金額を答えなさい。
　　　　期末残高　□□□百万円

小問3　〈資料4〉の空欄（ c ）に入る金額を答えなさい。
　　　　取引金額　□□□百万円

解答・解説

本問は、会社法における関連当事者情報の注記事項に関する問題である。有価証券報告書との異同について留意が必要である。第27問と合わせて確認されたい。

小問1
解答： 取引金額　　10,000　百万円

小問2
解答： 期末残高　　1,300　百万円

小問3
解答： 取引金額　　21,000　百万円

解説：〈資料4〉の空欄を埋めると、以下のとおりとなる。
関連会社等グループ

会社等の名称又は氏名	資料3 番号	取引金額（百万円）	期末残高（百万円）
A社	1.	(a　10,000)	(1,000)
B社	2.	(9,500)	(1,300)
	3.	(0)	(0)
	5.	(0)	(0)
B社合計		(9,500)	(b　1,300)
C社	4.	(1,500)	(0)
	5.	(0)	(0)
C社合計		(1,500)	(0)
D社	6.	(0)	(0)
A〜D合計		(c　21,000)	(2,300)

関連当事者の範囲や重要性の基準値については、第27問の解説を参照してほしい。

第29問 Ⅰ 有価証券報告書
1株当たり情報

難易度 ★★☆ 普

以下の資料に基づいて、当連結会計年度における1株当たり情報に関する各小問に答えなさい。なお、百万円未満の金額や千株未満の株式数等、資料から判明しない事項について考慮する必要はない。また、解答に当たり端数が生じる場合には、小数点以下第3位を四捨五入し第2位まで求めること。

〈資料1〉連結貸借対照表 純資産の部

(単位：百万円)

	前連結会計年度 （平成X1年3月31日）	当連結会計年度 （平成X2年3月31日）
純資産の部		
株主資本		
資本金	11,055	11,055
資本剰余金	18,013	18,015
利益剰余金	65,662	76,276
自己株式	△1,817	△1,747
株主資本合計	92,913	103,599
その他の包括利益累計額		
その他有価証券評価差額金	417	468
繰延ヘッジ損益	△11	△2
為替換算調整勘定	△1,114	△1,706
その他の包括利益累計額合計	△708	△1,240
新株予約権	263	250
少数株主持分	1,662	1,760
純資産合計	94,130	104,369
負債純資産合計	116,059	134,868

〈資料2〉連結株主資本等変動計算書関係の注記（一部抜粋）

	当連結会計年度期首	増加	減少	当連結会計年度末
発行済株式				
普通株式（千株）	30,100	—	—	30,100
合計	30,100	—	—	30,100
自己株式				
普通株式（千株）	269	1	11	259
合計	269	1	11	259

〈資料3〉自己株式管理台帳

日付	取得 株数（株）	取得 金額（円）	減少 株数（株）	減少 金額（円）	残高 株数（株）	残高 金額（円）
X1年4月1日					269,000	1,817,000,000
X1年5月1日			5,000	***,***	264,000	***,***
X1年8月15日			6,000	***,***	258,000	***,***
X1年11月23日	1,000	***,***			259,000	1,747,000,000
X2年3月31日					259,000	1,747,000,000

〈資料4〉1株当たり当期純利益金額及び潜在株式調整後1株当たり当期純利益金額の算定上の基礎の注記（一部抜粋）

	前連結会計年度 （自 平成X0年4月1日 至 平成X1年3月31日）	当連結会計年度 （自 平成X1年4月1日 至 平成X2年3月31日）
連結損益計算書上の当期純利益又は当期純損失（△）（百万円）	△1,506	11,987
普通株式に係る当期純利益又は当期純損失（△）（百万円）	△1,5061	11,987
普通株主に帰属しない金額（百万円）	—	—
普通株式の期中平均株式数（千株）	29,828	（　　　）

潜在株式調整後1株当たり当期純利益金額の算定に用いられた当期純利益調整額の主要な内訳（百万円）	—	—
当期純利益調整額（百万円）	—	—
潜在株式調整後1株当たり当期純利益金額の算定に用いられた普通株式増加数の主要な内訳（千株） 　新株予約権	—	50
普通株式増加数（千株）	—	50
希薄化効果を有しないため、潜在株式調整後1株当たり当期純利益金額の算定に含まれなかった潜在株式の概要	…	…

小問1　1株当たり純資産額を答えなさい。
　　　　1株当たり純資産額　　　　　　□円

小問2　1株当たり当期純利益金額を答えなさい。なお、期中平均株式数の算定にあたっては、日数単位で加重平均して算出すること。
　　　　1株当たり当期純利益金額　　　　□円

小問3　潜在株式調整後1株当たり当期純利益金額を答えなさい。
　　　　潜在株式調整後1株当たり
　　　　当期純利益金額　　　　　　　　□円

解答・解説

本問は、1株当たり情報を算定させる問題である。それぞれの算定式について覚えておく必要がある。

小問1

解答： 1株当たり純資産額　　3,430.15　円

解説： 1株当たり純資産額の算定式は、以下のとおりである。

$$\text{1株当たり純資産額} = \frac{\text{貸借対照表の純資産の部} - \text{新株予約権} - \text{少数株主持分}}{\text{期末発行済株式数} - \text{期末自己株式数}}$$

$$= \frac{104,369,000,000\text{円} - 250,000,000\text{円} - 1,760,000,000\text{円}}{30,100,000\text{株} - 259,000\text{株}}$$

$$\fallingdotseq 3,430.15\text{円（解答）}$$

小問2

解答： 1株当たり当期純利益金額　　401.72　円

解説： 1株当たり当期純利益金額の算定式は、以下のとおりである。

$$\text{1株当たり当期純利益金額} = \frac{\text{普通株式に係る当期純利益}}{\text{普通株式の期中平均株式数}}$$

$$= \frac{11,987,000,000\text{円}}{29,839,000\text{株}}$$

$$\fallingdotseq 401.72\text{円（解答）}$$

期中平均株式数は、以下のように算定する。

日付	発行済株式数(株) 増減	発行済株式数(株) 残高	自己株式数(株) 増減	自己株式数(株) 残高	差引株式数(株)	保有日数(日)	加重(株)
4月1日	―	30,100,000	―	269,000	29,831,000	30	894,930,000
5月1日	―	30,100,000	△5,000	264,000	29,836,000	106	3,162,616,000
8月15日	―	30,100,000	△6,000	258,000	29,842,000	100	2,984,200,000
11月23日	―	30,100,000	1,000	259,000	29,841,000	129	3,849,489,000
合計						365	10,891,235,000
加重平均							※29,839,000

※加重平均株式数 = Σ（差引株式数×保有日数）/年間日数
　　　　　　　　= 10,891,235,000株/365日
　　　　　　　　= 29,839,000株

小問3

解答： 潜在株式調整後1株当たり当期純利益金額　　　401.05　円

解説： 潜在株式調整後1株当たり当期純利益金額の算定式は、以下のとおりである。

$$\text{潜在株式調整後1株当たり当期純利益金額} = \frac{\text{普通株式に係る当期純利益}}{\text{普通株式の期中平均株式数} + \text{潜在株式に係る権利の行使を仮定したことによる普通株式の増加数}}$$

$$= \frac{11,987,000,000\text{円}}{29,839,000\text{株} + 50,000\text{株}}$$

$$\fallingdotseq 401.05\text{円（解答）}$$

● Column　自己株式の管理台帳について ●

　1株当たり当期純利益金額及び潜在株式調整後1株当たり当期純利益金額の算定にあたっては、期中平均株式数を算定する必要があるため、期中の株式の増減状況を管理しておく必要がある。なかでも自己株式については、その管理を証券会社等に委託することが多く、株価の状況に応じて証券会社の裁量で買付等が行われることから、証券会社からの報告等を基に、本問の〈資料3〉自己株式管理台帳のような基礎資料を作成しておく必要がある。

〈自己株式管理台帳（例）〉

日付	取得 株数（株）	取得 金額（円）	減少 株数（株）	減少 金額（円）	残高 株数（株）	残高 金額（円）
X1年4月1日					269,000	1,817,000,000
X1年5月1日			5,000	***,***	264,000	***,***
X1年8月15日			6,000	***,***	258,000	***,***
X1年11月23日	1,000	***,***			259,000	1,747,000,000
X2年3月31日					259,000	1,747,000,000

　なお、自己株式の取得、処分及び消却にあたって証券会社等に支払った手数料等の付随費用は、取得価額や処分価額、消却価額には含めず、損益計算書の営業外費用に計上する点には留意されたい。

第30問 Ⅰ 有価証券報告書 連結附属明細表

難易度 ★★☆ 普

提出会社の平成X2年3月期の有価証券報告書【連結附属明細表】に関する各小問に答えなさい。なお、百万円未満の金額等、資料から判明しない事項について考慮する必要はない。

〈資料1〉連結附属明細表（一部抜粋）
【社債明細表】
　該当事項はありません。

【借入金等明細表】

区　分	当期首残高 （百万円）	当期末残高 （百万円）	平均利率 （％）	返済期限
短期借入金	21,000	21,500	（　）	―
1年以内に返済予定の長期借入金	200	（　）	（　）	―
1年以内に返済予定のリース債務	3	3	―	―
長期借入金（1年以内に返済予定のものを除く）	600	（　）	（ a ）	X3～X6
リース債務（1年以内に返済予定のものを除く）	7	7	―	X3～X5
その他有利子負債	―	―	―	―
合計	21,810	22,510	―	―

（注）1. 平均利率については、借入金等の期末残高に対する加重平均利率を記載しております。
　　 2. リース債務については、リース料総額に含まれる利息相当額を控除する前の金額でリース債務を連結貸借対照表に計上しているため、平均利率の記載をしておりません。
　　 3. 長期借入金及びリース債務（1年以内に返済予定のものを除く）の連結決算日後5年内における1年ごとの返済予定額の総額

区　分	1年超2年以内 （百万円）	2年超3年以内 （百万円）	3年超4年以内 （百万円）	4年超5年以内 （百万円）
長期借入金	（　）	―	（　）	（　）
リース債務	1	2	4	―

【資産除去債務明細表】
　当連結会計年度期首及び当連結会計年度末における資産除去債務の金額が当連結会計年度期首及び当連結会計年度末における負債及び純資産の合計額の100分の1以下であるため、記載を省略しております。

〈資料2〉短期借入金の明細

〈資料3〉長期借入金の明細

会社名	区分	借入先	利率(%)	返済期限	期末残高(百万円)	利息(百万円)
A社	提出会社	△銀行	4.00	X2.12.31	100	4
〃	提出会社	△銀行	5.50	X3.1.31	200	11
〃	提出会社	□銀行	3.50	X3.6.15	400	14
〃	提出会社	□銀行	5.00	X5.4.30	100	5
〃	提出会社	●銀行	4.50	X6.10.20	200	9

〈資料4〉資産除去債務に関するデータ

概要	本社オフィスの賃貸借契約に伴う原状回復義務等
使用見込期間	除去対象となる有形固定資産の取得（X–1年期首）から10年
減価償却方法	定額法
見積除去費用	8,000,000円（割引前将来キャッシュ・フロー）
割引率	1.14%

〈資料5〉資産除去債務の内部管理用計算シート

（単位：円）	除去費用	減価償却費	利息費用	資産除去債務
X-1年期首	7,142,668	—	—	7,142,668
X-1年3月末	6,428,401	714,267	81,427	7,224,095
X0年3月末	5,714,134	714,267	82,355	7,306,450
X1年3月末	4,999,867	714,267	83,293	7,389,743
X2年3月末	4,285,600	714,267	84,243	7,473,986
X3年3月末	3,571,333	714,267	85,204	7,559,190
X4年3月末	2,857,066	714,267	86,174	7,645,364
X5年3月末	2,142,799	714,267	87,158	7,732,522
X6年3月末	1,428,532	714,267	88,150	7,820,672
X7年3月末	714,265	714,267	89,156	7,909,828
X8年3月末	0	714,265	90,172	8,000,000

〈資料6〉平成X2年3月期の資産除去債務の総額の増減

期首残高	（　　　）	円
時の経過による調整額	（　b　）	円
期末残高	（　　　）	円

〈資料7〉【注記事項】（資産除去債務関係）の注記
（資産除去債務関係）
資産除去債務の重要性が乏しいため、記載を省略しております。

〈資料8〉平成X1年3月期及び平成X2年3月期の負債及び純資産の合計額
平成X1年3月期　　116,059百万円（連結ベース）
平成X2年3月期　　134,868百万円（連結ベース）

小問1 〈資料1〉の【借入金等明細表】の空欄（ a ）の平均利率を答えなさい。なお、解答に当たり端数が生じる場合には、小数点以下第2位を四捨五入し第1位まで求めること。

平均利率　　　　　　　　　　　　　　　　％

小問2 〈資料6〉の空欄（ b ）に入る金額を答えなさい。

時の経過による調整額　　　　　　　　　　円

小問3 「資産除去債務に関する会計基準」及び「資産除去債務に関する会計基準の適用指針」の適用初年度が平成X1年3月期であった場合、平成X1年3月期に計上された資産除去債務会計基準の適用に伴う影響額（特別損失）の金額を答えなさい。

資産除去債務会計基準の適用に伴う影響額　　　　　円

解答・解説

本問は、連結附属明細表の借入金等明細表と資産除去債務明細表に関する計算問題である。借入金等明細表の作成に当たっては、〈資料2〉、〈資料3〉のような管理資料を作成するために連結子会社から情報を入手しておく必要がある。また、資産除去債務明細表の作成に当たっても、原則として資産除去債務の対象となる有形固定資産の取得時点において将来の会計処理が決定されることから、〈資料4〉、〈資料5〉のような基礎資料を具備しておくことが実務上重要になってくる。

小問1

解答： 平均利率　　4.0　％

解説：　借入金の平均利率については、(注) 1において「期末残高に対する加重平均利率を記載」とあるので、〈資料3〉の返済期限から、1年を超えて返済予定の長期借入金を特定した上で、以下の計算式で求めることになる。

400百万円（返済期限X3.6.15）＋100百万円（返済期限X5.4.30）
＋200百万円（返済期限X6.10.20）＝700百万円
利息（14百万円＋5百万円＋9百万円）÷長期借入金期末残高700百万円
×100＝4.0％（解答）

なお、その他の空欄の数値は以下のように求めることができる。
「短期借入金の平均利率」：
　(注) 1.に「期末残高に対する加重平均利率を記載」とあることから、〈資料2〉の数値を用いて以下の計算式で求めることになる。

利息107百万円÷短期借入金期末残高21,500百万円×100＝0.49…
　　　　　　　　　　　　　　　　　　　　　　　　　　＝0.5％

「1年以内に返済予定の長期借入金の当期末残高」：
　〈資料3〉の返済期限から、1年以内に返済予定の長期借入金を特定する。
100百万円（返済期限X2.12.31）＋200百万円（返済期限X3.1.31）
＝300百万円

「1年以内に返済予定の長期借入金の平均利率」：
　利息（4百万円＋11百万円）÷1年以内に返済予定の長期借入金期末残高300百万円×100＝5.0％

「連結決算日後5年間の返済予定額」：

〈資料3〉の返済期限から、空欄に当てはまる長期借入金の残高を求めればよい。1年超2年以内は400百万円、3年超4年以内は100百万円、4年超5年以内は200百万円となる。

なお、〈資料1〉の【借入金等明細表】を完成させると、以下のとおりとなる。

【借入金等明細表】

区　分	当期首残高 （百万円）	当期末残高 （百万円）	平均利率 （％）	返済期限
短期借入金	21,000	21,500	0.5	—
1年以内に返済予定の長期借入金	200	300	5.0	—
1年以内に返済予定のリース債務	3	3	—	—
長期借入金（1年以内に返済予定のものを除く）	600	700	4.0	X3～X6
リース債務（1年以内に返済予定のものを除く）	7	7	—	X3～X5
その他有利子負債	—	—	—	—
合計	21,810	22,510	—	—

（注）1. 平均利率については、借入金等の期末残高に対する加重平均利率を記載しております。
　　　2. リース債務については、リース料総額に含まれる利息相当額を控除する前の金額でリース債務を連結貸借対照表に計上しているため、平均利率の記載をしておりません。
　　　3. 長期借入金及びリース債務（1年以内に返済予定のものを除く）の連結決算日後5年内における1年ごとの返済予定額の総額

区　分	1年超2年以内 （百万円）	2年超3年以内 （百万円）	3年超4年以内 （百万円）	4年超5年以内 （百万円）
長期借入金	400	—	100	200
リース債務	1	2	4	—

小問2

解答: 時の経過による調整額　　84,243　円

解説: 当連結会計年度期首及び当連結会計年度末における資産除去債務の金額が当連結会計年度期首及び当連結会計年度末における負債及び純資産の合計額の100分の1以下である場合には、資産除去債務明細表の作成を省略することができる（連結財規第92条の2第1項）。なお、資産除去債務明細表の作成を省略した場合には、その旨を注記することとされている（同条第2項）。

また、資産除去債務明細表に記載すべき事項が、連結財規第15条の23に規定する注記事項（【注記事項】（資産除去債務関係）の注記）として記載されている場合には、その旨を記載することにより資産除去債務明細表を省略することができる（連結財規様式第十一号記載上の注意第2項）。

平成X2年3月期においては当連結会計年度期首及び当連結会計年度末における資産除去債務の金額（当連結会計年度期首7百万円、当連結会計年度末7百万円）が当該各連結会計年度末における負債及び純資産の合計額（当連結会計年度期首116,059百万円、当連結会計年度末134,868百万円）の100分の1以下であるため、資産除去債務明細表の作成を省略している。

平成X2年3月期の資産除去債務の総額の増減の数値は以下のようになる。

「期首残高」：

平成X1年3月末における資産除去債務の金額7,389,743円が期首残高となる。

「時の経過による調整額」：

時の経過による調整額は、期首の資産除去債務の帳簿価額に当初債務計上時の割引率を乗じて算定される。平成X2年3月期に計上された利息費用84,243円（解答）が当該金額となる。

「期末残高」：

平成X2年3月末における資産除去債務の金額7,473,986円が期末残高となる。

小問3

解答: 資産除去債務会計基準の適用に伴う影響額　　1,592,316　円

解説: 会計基準の適用初年度の期首において算定した、資産除去債務の発生時から期首までの減価償却費及び時の経過による調整額（利息費用）は、適用初年度において原則として特別損失に計上する（資産除去債務に関する会計基準第18項）。

したがって、平成X1年3月期の特別損失に計上された資産除去債務会計基準の適用に伴う影響額の金額は、〈資料5〉の数値を元に以下のように計算される。

X-1年3月期に係る減価償却費	714,267円
X-1年3月期に係る利息費用	81,427 〃
X年3月期に係る減価償却費	714,267 〃
X年3月期に係る利息費用	82,355 〃
資産除去債務会計基準の適用に伴う影響額	1,592,316 〃 （解答）

● Column　資産除去債務の計算方法について ●

本問では、〈資料5〉に内部管理用の資産除去債務計算シートが与えられているが、実際には以下のように計算されている（表は『資産除去債務に関する会計基準の適用指針』から）。

年月	有形固定資産（除却費用）			資産除去債務			
	資産計上額	減価償却費	残高	計上額	時の経過による調整額	履行による減少額	残高
X-1年期首	7,142,668	—	7,142,668	7,142,668	—		7,142,668
X-1年3月末		714,267	6,428,401		81,427	×1.14%	7,224,095
X0年3月末		714,267	5,714,134		82,355		7,306,450
X1年3月末		714,267	4,999,867		83,293		7,389,743
X2年3月末		714,267	4,285,600		84,243		7,473,986
X3年3月末		714,267	3,571,333		85,204		7,559,190
		714,267	2,857,066		86,174		7,645,364
		714,267	2,142,799		87,158		7,732,522
		714,267	1,428,532		88,150		7,820,672
		714,267	714,265		89,156		7,909,828
X8年3月末		714,265	0		90,172		8,000,000

資産除去債務の対象となった有形固定資産と同様の方法で各年次に費用配分（ただし、残存価額はゼロ）

$$= \frac{8,000,000}{(1.0114)^{10}}$$

$$\frac{7,909,828}{1+0.0114}$$

$$\frac{8,000,000}{1+0.0114}$$

上表でも分かるように、当該有形固定資産の取得時点で将来の会計処理の金額が決定されることになる。そのため、資産除去債務の計上対象となった有形固定資産ごとにデータを整備・保管しておく必要がある。

第31問 Ⅰ 有価証券報告書 損益計算書

難易度 ★★☆ 普

以下の資料に基づいて、【損益計算書】に別掲又は注記すべき費目／科目に関する各小問に答えなさい。

〈資料1〉試算表（一部抜粋）

(単位：円)

CODE		当事業年度	選択番号
3001	販売促進費	1,608,000,000	①
3002	運賃及び荷造費	1,521,000,000	②
3003	広告宣伝費	1,351,000,000	③
3004	役員報酬	102,000,000	④
3005	従業員給料及び手当	1,025,000,000	⑤
3006	株式報酬費用	64,000,000	⑥
3007	賞与引当金繰入額	301,000,000	⑦
3008	退職給付費用	160,000,000	⑧
3009	法定福利費	530,000,000	⑨
3010	旅費交通費	351,000,000	⑩
3011	通信費	47,000,000	⑪
3012	交際費	75,000,000	⑫
3013	修繕費	83,000,000	⑬
3014	租税公課	224,000,000	⑭
3015	消耗品費	135,000,000	⑮
3016	地代光熱費	320,000,000	⑯
3017	減価償却費	288,000,000	⑰
3018	研究開発費	132,000,000	⑱
3019	事務手数料	710,000,000	⑲
3020	貸倒引当金繰入額	732,000,000	⑳
3021	雑費	313,000,000	㉑
3022	貸倒引当金戻入益	△690,000,000	㉒
	販売費及び管理費合計	9,382,000,000	

〈資料2〉試算表（一部抜粋）

（単位：円）

CODE		当事業年度	選択番号
4001	受取利息	94,000,000	㉓
4002	受取配当金	1,590,000,000	㉔
4003	仕入割引	389,000,000	㉕
4004	受取保険料	93,000,000	㉖
4005	固定資産賃貸収入	43,000,000	㉗
4006	為替差益	720,000,000	㉘
4007	貸倒引当金戻入益	—	㉙
4008	雑収入	17,000,000	㉚
	営業外収益合計	2,946,000,000	
5001	支払利息	70,000,000	㉛
5002	固定資産賃貸費用	31,000,000	㉜
5003	為替差損	350,000,000	㉝
5004	雑損失	9,000,000	㉞
	営業外費用合計	460,000,000	
6001	有形固定資産売却益	3,000,000	㉟
6002	投資有価証券売却益	31,000,000	㊱
6003	前期損益修正益	—	㊲
	特別利益合計	34,000,000	
7001	有形固定資産除却損	38,000,000	㊳
7002	減損損失	76,000,000	㊴
7003	前期損益修正損	—	㊵
7004	災害による損失	53,000,000	㊶
	特別損失合計	167,000,000	

小問1　販売費及び一般管理費の科目を一括して掲記し、主要な費目及び金額を注記する方法を採用した場合に注記すべき費目の番号を合計した数値を答えなさい。なお、金額が少額である費目はないものとする。

　　　別掲すべき費目の番号の合計　[　　　　]

小問2　営業外収益／営業外費用で別掲すべき科目の番号を合計した数値を答えなさい。

　　　別掲すべき科目の番号の合計　[　　　　]

小問3　特別利益／特別損失で別掲すべき科目の番号を合計した数値を答えなさい。

　　　別掲すべき科目の番号の合計　[　　　　]

解答・解説

本問を解答するにあたっては、まずは以下の別掲基準を覚えておけばよい。

別掲基準	
販売費及び一般管理費（注記の場合）	販売費及び一般管理費合計の5%超
営業外収益	営業外収益総額の10%超
営業外費用	営業外費用総額の10%超
特別利益	特別利益総額の10%超
特別損失	特別損失総額の10%超

小問1

解答： 別掲すべき費目の番号の合計　　91

（＝①＋②＋③＋⑤＋⑦＋⑧＋⑨＋⑰＋⑲＋⑳）

解説： 販売費及び一般管理費の科目に一括して掲記し、主要な費目及び金額を注記する方法を選択することができる。

主要な費目とは、減価償却費及び引当金繰入額（その金額が少額であるものを除く）及びこれ以外の費目でその金額が販売費及び一般管理費の合計額の100分の5を超える費目をいう。

販売費及び一般管理費の総額は9,382,000,000円であるため、その5%の469,100,000円を超える費目と減価償却費及び引当金繰入額が別掲の対象となる。

①	販売促進費	1,608,000,000÷9,382,000,000＝17.1%＞5%
②	運賃及び荷造費	1,521,000,000÷9,382,000,000＝16.2%＞5%
③	広告宣伝費	1,351,000,000÷9,382,000,000＝14.4%＞5%
⑤	従業員給料及び手当	1,025,000,000÷9,382,000,000＝10.9%＞5%
⑦	賞与引当金繰入額	301,000,000　「引当金繰入額」に該当する。
⑧	退職給付費用	160,000,000　「引当金繰入額」に該当する。
⑨	法定福利費	530,000,000÷9,382,000,000＝5.6%＞5%
⑰	減価償却費	288,000,000　「減価償却費」に該当する。
⑲	事務手数料	710,000,000÷9,382,000,000＝7.6%＞5%
⑳	貸倒引当金繰入額	「引当金繰入額」に該当する。ただし、㉒の「貸倒引当金戻入益」との純額42,000,000円（＝732,000,000円－690,000,000円）を記載する。

≪注記記載例≫

※● 販売費及び一般管理費の主なもののうち主要な費目及び金額並びにおおよその割合は、次のとおりであります。

	前事業年度 (自 平成X0年4月1日 至 平成X1年3月31日)	当事業年度 (自 平成X1年4月1日 至 平成X2年3月31日)
販売促進費		1,608百万円
運賃及び荷造費		1,521 〃
広告宣伝費		1,351 〃
従業員給料及び手当		1,025 〃
事務手数料	省略	710 〃
法定福利費		530 〃
減価償却費		288 〃
賞与引当金繰入額		301 〃
退職給付費用		160 〃
貸倒引当金繰入額		42 〃
おおよその割合		
販売費	省略	47.8%
一般管理費		52.2%

小問2

解答： 別掲すべき科目の番号の合計　　140

（＝営業外収益77（＝㉔＋㉕＋㉘）＋営業外損失63（＝㉛＋㉜））

解説： 各収益／費用のうち、当該収益／費用の金額が営業外収益／費用の総額の100分の10以下のもので一括表示が適当なものは、当該収益／費用を一括して示す名称を付した科目で掲記できる。

○営業外収益

試算表の営業外収益の総額は2,946,000,000円であるが、為替差益（720,000,000円）は、表示の組替仕訳により営業外費用の為替差損（350,000,000円）と相殺されるため、損益計算書の営業外収益合計は2,596,000,000円（＝2,946,000,000円－350,000,000円）となる。したがって、その10%の259,600,000円を超える金額が別掲の対象となる。

㉔　受取配当金　　1,590,000,000÷2,596,000,000＝61.2%＞10%
㉕　仕入割引　　　389,000,000÷2,596,000,000＝15.0%＞10%
㉘　為替差益　　　370,000,000（＝720,000,000－350,000,000）÷2,596,000,000
　　　　　　　　　＝14.3%＞10%

≪記載例≫

(単位：百万円)

当事業年度
(自　平成X1年4月1日
　至　平成X2年3月31日)

営業外収益	
受取配当金	1,590
仕入割引	389
為替差益	370
その他	247
営業外収益合計	2,596

○営業外費用

　試算表の営業外費用の総額は460,000,000円であるが、為替差損（350,000,000円）は、表示の組替仕訳により営業外収益の為替差益（720,000,000円）と相殺されるため、損益計算書の営業外費用合計は110,000,000円（＝460,000,000円－350,000,000円）となる。したがって、その10％の11,000,000円を超える金額が別掲の対象となる。

　㉛　支払利息　　　　　70,000,000÷110,000,000＝63.6％＞10％
　㉜　固定資産賃貸費用　31,000,000÷110,000,000＝28.1％＞10％

≪記載例≫

(単位：百万円)

当事業年度
(自　平成X1年4月1日
　至　平成X2年3月31日)

営業外費用	
支払利息	70
固定資産賃貸費用	31
その他	9
営業外費用合計	110

小問3
解答：　別掲すべき科目の番号の合計　┌──────┐
　　　　　　　　　　　　　　　　　　│　154　│
　　　　　　　　　　　　　　　　　　└──────┘
　　　　（＝特別利益36（＝㊱）＋特別損失118（＝㊳＋㊴＋㊶））
解説：　各利益又は各損失のうち、その金額が特別利益又は特別損失の総額の100分の10以下のもので一括表示が適当なものは、当該利益又は損失を一括して示す名称を付した科目で掲記できる。

I　有価証券報告書

179

○特別利益

特別利益の総額は34,000,000円であるため、その10%の3,400,000円を超える金額が別掲の対象となる。

㊱ 投資有価証券売却益　31,000,000÷34,000,000＝91.2％＞10％

≪記載例≫

(単位：百万円)

	当事業年度 (自　平成X1年4月1日 　至　平成X2年3月31日)
特別利益	
投資有価証券売却益	31
その他	3
特別利益合計	34

○特別損失

特別損失の総額は167,000,000円であるため、その10%の16,700,000円を超える金額が別掲の対象となる。

㊳ 有形固定資産除却損　38,000,000÷167,000,000＝22.8％＞10％
㊴ 減損損失　　　　　　76,000,000÷167,000,000＝45.5％＞10％
㊶ 災害による損失　　　53,000,000÷167,000,000＝31.7％＞10％

≪記載例≫

(単位：百万円)

	当事業年度 (自　平成X1年4月1日 　至　平成X2年3月31日)
特別損失	
有形固定資産除却損	38
減損損失	76
災害による損失	53
特別損失合計	167

第32問 I 有価証券報告書 税効果会計関係①

以下の資料に基づいて、税効果会計関係の注記事項に関する各小問に答えなさい。なお、百万円未満の金額等、資料から判明しない事項について考慮する必要はない。

〈資料1〉税効果会計関係の注記

1　繰延税金資産及び繰延税金負債の発生の主な原因別の内訳

	前事業年度 （平成X1年3月31日）		当事業年度 （平成X2年3月31日）	
（繰延税金資産）				
退職給付引当金	835	百万円	870	百万円
商品評価損	570	〃	698	〃
関係会社投資等損失引当金	528	〃	521	〃
未払費用	267	〃	289	〃
賞与引当金	61	〃	138	〃
減損損失	114	〃	103	〃
未払事業税	100	〃	102	〃
株式報酬費用	107	〃	101	〃
貸倒引当金	202	〃	90	〃
ゴルフ会員権評価損	65	〃	63	〃
その他	205	〃	(　　)	〃
繰延税金資産小計	3,054	〃	(　　)	〃
評価性引当額	△1,250	〃	(△ a)	〃
繰延税金資産合計	1,804	〃	(b)	〃
（繰延税金負債）				
その他有価証券評価差額金	△309	〃	△373	〃
その他	△65	〃	△61	〃
繰延税金負債合計	△374	〃	△434	〃
繰延税金資産の純額	1,430	〃	(c)	〃

##〈資料2〉繰延税金資産の回収可能性検討シート

(単位：百万円)

項目			当期末残高	翌期以降の回収可能性					
				X3年3月期	X4年3月期	X5年3月期	X6年3月期	X7年3月期	以降
課税所得									
	税引前当期純利益		7,076	5,000	5,000	5,000	1,500	1,500	
	交際費等加算			250	250	250	250	250	
	受取配当金益金不算入			−1,500	−1,500	−1,500	−1,500	−1,500	
	申告調整項目			100	100	100	100	100	
	課税所得合計			3,850	3,850	3,850	350	350	0
将来減算一時差異									
	退職給付引当金		2,138	−250	−250	−250	−250	−250	−888
	商品評価損		1,715	−1,715					
	関係会社投資等損失引当金		1,280				−780		−500
	未払費用		710	−710					
	賞与引当金		339	−339					
	減損損失		253	−10	−243				
	未払事業税		251	−251					
	株式報酬費用		248	−10	−10	−10	−10	−10	−198
	貸倒引当金		221	−100					−121
	ゴルフ会員権評価損		156						−156
	その他		318	−135					−183
	将来減算一時差異合計		7,629	−3,520	−503	−260	−1,040	−260	−2,046
	回収可能額	A	5,781	3,520	503	260	350	260	888
	繰越欠損金発生						690		
	差引課税所得			330	3,347	3,590		90	
	スケジューリング不能額	B	1,158						
繰越欠損金									
	平成X2年3月期分								
	平成X3年3月期分								
	平成X4年3月期分								
	平成X5年3月期分								
	平成X6年3月期分							690	-90
	平成X7年3月期分								
	未回収残高							690	600
	回収可能額	C	90				0	90	
	回収不能額	D	600					600	
【繰延税金資産】									
	回収可能額 A+C		5,871	3,520	503	260	350	350	888
資産計上	税率（%）			40.69%	40.69%	40.69%	40.69%	40.69%	40.69%
	繰延税金資産金額		2,389	1,432	205	106	142	142	362
資産未計上	回収不能額 B+D		1,758						
	税率（%）		40.69%						
	金額		715						

小問1　〈資料1〉の空欄（　a　）に入る金額を答えなさい。
　　　　評価性引当額　　　△[　　　　]百万円

小問2　〈資料1〉の空欄（　b　）に入る金額を答えなさい。
　　　　繰延税金資産合計　[　　　　]百万円

小問3　〈資料1〉の空欄（　c　）に入る金額を答えなさい。
　　　　繰延税金資産の純額　[　　　　]百万円

解答・解説

本問は、税効果会計に関する基礎資料から、個別財務諸表の注記事項である（税効果会計関係）を作成させる問題である。

小問1
解答： 評価性引当額　△ 715 百万円

小問2
解答： 繰延税金資産合計　2,389 百万円

小問3
解答： 繰延税金資産の純額　1,955 百万円

解説：〈資料2〉の管理資料の内容を理解できれば容易に解答を導くことができる。〈資料2〉の資産計上額2,389百万円をbに転記し、資産未計上額715百万円は評価性引当額としてaに転記する。cは繰延税金資産合計額2,389百万円（b）と繰延税金負債434百万円の差引により算出できる。

●Column　繰延税金資産の回収可能性検討シートについて●

　繰延税金資産は、将来の税金負担額を軽減する効果を有していると見込まれる場合にのみ計上できるものであり、また、一時差異の解消が見込まれる年度の法定実効税率に基づいて算定される。そのため、将来の課税所得、一時差異の解消見込のスケジューリングを行うことが実務上極めて重要である。

　繰延税金資産の回収可能性の判断指針として、監査委員会報告第66号「繰延税金資産の回収可能性の判断に関する監査上の取扱い」(以下、委員会報告66号)が公表されており、これに従った対応が要求される。

　この委員会報告66号に従った対応を行うにあたり、一般的に本問の〈資料2〉「繰延税金資産の回収可能性検討シート」のような課税所得、一時差異の解消見込等のスケジューリングを行うための基礎資料を作成する必要がある。

〈繰延税金資産の回収可能性検討シート(例)〉

項目	当期末残高	X3年3月期	X4年3月期	X5年3月期	X6年3月期	X7年3月期	以降
課税所得							
税引前当期純利益	7,076	5,000	5,000	5,000	1,500	1,500	
交際費等加算		250	250	250	250	250	
受取配当金益金不算入		−1,500	−1,500	−1,500	−1,500	−1,500	
申告調整項目		100	100	100	100	100	
課税所得合計		3,850	3,850	3,850	350	350	0
将来減算一時差異							
退職給付引当金	2,138	−250	−250	−250	−250	−250	−888
商品評価損	1,715	−1,715					
関係会社投資等損失引当金	1,280				−780		−500
未払費用	710	−710					
賞与引当金	339	−339					
減損損失	253	−10	−243				
未払事業税	251	−251					
株式報酬費用	248	−10	−10	−10	−10	−10	−198
貸倒引当金	221	−100					−121
ゴルフ会員権評価損	156						−156
その他	318	−135					−183
将来減算一時差異合計	7,629	−3,520	−503	−260	−1,040	−260	−2,046
回収可能額　A	5,781	3,520	503	260	350	260	888
繰越欠損金発生					690		
差引課税所得		330	3,347	3,590		90	
スケジューリング不能額　B	1,158						
繰越欠損金							
平成X2年3月期分							
平成X3年3月期分							
平成X4年3月期分							
平成X5年3月期分							
平成X6年3月期分					690	−90	
平成X7年3月期分							
未回収残高					690	600	
回収可能額　C	90				0	90	
回収不能額　D	600					600	
【繰延税金資産】							
資産計上	回収可能額 A+C	5,871	3,520	503	260	350	350	888
	税率(%)		40.69%	40.69%	40.69%	40.69%	40.69%	40.69%
	繰延税金資産金額	2,389	1,432	205	106	142	142	362
資産未計上	回収不能額 B+D	1,758						
	税率(%)	40.69%						
	金額	715						

185

① 中長期経営計画、過年度の税務申告書等から、翌期以降の税引前当期純利益、経常的に発生する永久差異等申告調整項目、課税所得の見積り額を転記
② 当期末の将来減算一時差異残高を転記
③ 当期末の将来減算一時差異残高の将来における解消額を各期に転記
④ スケジューリングを基に、一時差異等の回収可能額、回収不能額を集計
⑤ 一時差異等の額に法定実効税率をかけて、繰延税金資産としての計上額、計上不能額を算定

※本問においては作問の都合上、各期の法定実効税率をすべて同一にしているが、平成23年税制改正により法人税率が従来の30%から25.5%へと引き下げられ、また、平成24年4月1日から平成27年3月31日内に最初に開始する事業年度開始の日から同日以後3年を経過する日までの期間内の日の属する事業年度において、法人税額（基準法人税額）の10%を税額とする復興特別法人税が新たに創設された。これにより各期の法定実効税率が変更されることとなったため、各期の繰延税金資産の回収可能額、回収不能額を算定するにあたって適用される法定実効税率について留意が必要である。

第33問 I 有価証券報告書
税効果会計関係②

難易度 ★★☆ 普

以下の資料に基づいて、税効果会計関係の注記事項に関する各小問に答えなさい。なお、百万円未満の金額等、資料から判明しない事項について考慮する必要はない。

〈資料1〉税効果会計関係の注記

1　繰延税金資産及び繰延税金負債の発生の主な原因別の内訳

	前事業年度 (平成X1年3月31日)		当事業年度 (平成X2年3月31日)	
(繰延税金資産)				
退職給付引当金	835	百万円	870	百万円
商品評価損	570	〃	698	〃
関係会社投資等損失引当金	528	〃	521	〃
未払費用	267	〃	289	〃
賞与引当金	61	〃	138	〃
減損損失	114	〃	103	〃
未払事業税	100	〃	102	〃
株式報酬費用	107	〃	101	〃
貸倒引当金	202	〃	90	〃
ゴルフ会員権評価損	65	〃	63	〃
その他	205	〃	129	〃
繰延税金資産小計	3,054	〃	3,104	〃
評価性引当額	△1,250	〃	△715	〃
繰延税金資産合計	1,804	〃	2,389	〃
(繰延税金負債)				
その他有価証券評価差額金	△309	〃	△373	〃
その他	△65	〃	△61	〃
繰延税金負債合計	△374	〃	△434	〃
繰延税金資産の純額	1,430	〃	1,955	〃

〈資料2〉繰延税金資産の回収可能性検討シート

(単位:百万円)

項目			当期末残高	翌期以降の回収可能性					
				X3年3月期	X4年3月期	X5年3月期	X6年3月期	X7年3月期	以降
課税所得									
	税引前当期純利益		7,076	5,000	5,000	5,000	1,500	1,500	
	交際費等加算			250	250	250	250	250	
	受取配当金益金不算入			−1,500	−1,500	−1,500	−1,500	−1,500	
	申告調整項目			100	100	100	100	100	
	課税所得合計			3,850	3,850	3,850	350	350	0
将来減算一時差異									
	退職給付引当金		2,138	( )	( )	( )	( )	( )	( )
	商品評価損		1,715	−1,715					
	関係会社投資等損失引当金		1,280				( )		( )
	未払費用		710	−710					
	賞与引当金		339	−339					
	減損損失		253	−10	( )				
	未払事業税		251	−251					
	株式報酬費用		248	( )	( )	( )	( )	( )	( )
	貸倒引当金		221	−100					( )
	ゴルフ会員権評価損		156						( )
	その他		( )	−135					( )
	将来減算一時差異合計		( )	( )	( )	( )	( )	( )	
	回収可能額	A	( )	3,520	503	260	( )	( )	(a)
	繰越欠損金発生						( )		
	差引課税所得			330	3,347	3,590		(b)	
	スケジューリング不能額	B	(c)						
繰越欠損金									
	平成X2年3月期分								
	平成X3年3月期分								
	平成X4年3月期分								
	平成X5年3月期分								
	平成X6年3月期分						( )	( )	
	平成X7年3月期分								
	未回収残高						( )	( )	
	回収可能額	C	( )				( )	( )	
	回収不能額	D	( )					( )	
【繰延税金資産】									
	回収可能額 A+C		5,871	3,520	503	260	( )	( )	( )
資産計上	税率(%)			40.69%	40.69%	40.69%	40.69%	40.69%	40.69%
	繰延税金資産金額		2,389	1,432	205	106	( )	( )	( )
資産未計上	回収不能額 B+D		1,758						
	税率(%)		40.69%						
	金額		715						

〈資料3〉
1. 会社は「業績が不安定であり、期末における将来減算一時差異を十分に上回るほどの課税所得がない会社等」である。
2. 退職給付引当金に係る一時差異は「将来解消見込年度が長期にわたる将来減算一時差異」として取り扱う。年金掛金の拠出により毎期250百万円ずつ解消する見込である。
3. 株式報酬費用に係る一時差異は、ストック・オプションの行使によって毎期10百万円ずつ解消する見込である。
4. 平成X4年3月期に、減損損失を認識した固定資産の売却を予定しており、これに係る一時差異全額が当該期に解消する見込である。
5. 平成X6年3月期よりリストラクチャリングの実施を予定しており、業績が数年間低迷する見込である。
6. 平成X6年3月期に関係会社株式の売却を予定しており、これに関連する一時差異780百万円が当該期に解消する見込である。

小問1 〈資料2〉の空欄（ a ）に入る金額を答えなさい。
　　　　回収可能額　　　　　　　　　　　　百万円

小問2 〈資料2〉の空欄（ b ）に入る金額を答えなさい。
　　　　差引課税所得　　　　　　　　　　　百万円

小問3 〈資料2〉の空欄（ c ）に入る金額を答えなさい。
　　　　スケジューリング不能額　　　　　　百万円

解答・解説

本問は、税効果会計に関する基礎資料を作成し、個別財務諸表の注記事項である〈税効果会計関係〉との関係を問う問題である。

小問1

解答： 回収可能額　　888　百万円

解説：〈資料3〉より、平成X8年3月期以降解消見込の一時差異のうち、回収可能と判断されるのは、退職給付引当金のみである。

小問2

解答： 差引課税所得　　90　百万円

解説： なお、平成X7年3月期には差引課税所得が発生したため、平成X6年3月期に発生した繰越欠損金が同額回収可能となっている。

小問3

解答： スケジューリング不能額　　1,158　百万円

解説： 平成X8年3月期以降解消見込の一時差異のうち、回収可能と判断されるのは退職給付引当金のみであるため、退職給付引当金以外の一時差異の合計金額が解答となる。若しくは、「回収不能額B+D」1,758百万円及び「繰越欠損金の回収不能額D」600百万円（＝690百万円－90百万円）から逆算（1,758百万円－600百万円）しても求めることができる。

〈資料3〉1.「業績が不安定であり、期末における将来減算一時差異を十分に上回るほどの課税所得がない会社等」は、監査委員会報告第66号「繰延税金資産の回収可能性の判断に関する監査上の取扱い」の③分類に該当する会社であり、通常、過去の業績等により長期にわたり安定的な課税所得の発生を予測することができない。したがって、将来の合理的な見積可能期間（おおむね5年）内の課税所得の見積額を限度として、当該期間内の一時差異等のスケジューリングの結果に基づき、それに係る繰延税金資産を計上している場合には、当該繰延税金資産は回収可能性があると判断できるものとされている。

繰延税金資産の回収可能性を検討するにあたっては、〈資料2〉のような資料を作成し、一時差異等のスケジューリングを実施する必要がある。

〈資料2〉の空欄をすべて埋めると以下のとおりとなる。

(単位:百万円)

項　目		当期末残高	翌期以降の回収可能性					
			X3年3月期	X4年3月期	X5年3月期	X6年3月期	X7年3月期	以降
課税所得								
	税引前当期純利益	7,076	5,000	5,000	5,000	1,500	1,500	
	交際費等加算		250	250	250	250	250	
	受取配当金益金不算入		−1,500	−1,500	−1,500	−1,500	−1,500	
	申告調整項目		100	100	100	100	100	
	課税所得合計		3,850	3,850	3,850	350	350	0
将来減算一時差異								
	退職給付引当金	2,138	(−250)	(−250)	(−250)	(−250)	(−250)	(−888)
	商品評価損	1,715	−1,715					
	関係会社投資等損失引当金	1,280				(−780)		(−500)
	未払費用	710	−710					
	賞与引当金	339	−339					
	減損損失	253	−10	(−243)				
	未払事業税	251	−251					
	株式報酬費用	248	(−10)	(−10)	(−10)	(−10)	(−10)	(−198)
	貸倒引当金	221	−100					(−121)
	ゴルフ会員権評価損	156						(−156)
	その他	(318)	−135					(−183)
	将来減算一時差異合計	(7,629)	(−3,520)	(−503)	(−260)	(−1,040)	(−260)	(−2,046)
	回収可能額　A	(5,781)	3,520	503	260	(350)	(260)	(a 888)
	繰越欠損金発生					(690)		
	差引課税所得		330	3,347	3,590		(b 90)	
	スケジューリング不能額　B	(c 1,158)						
繰越欠損金								
	平成X2年3月期分							
	平成X3年3月期分							
	平成X4年3月期分							
	平成X5年3月期分							
	平成X6年3月期分					(690)	(−90)	
	平成X7年3月期分							
	未回収残高					(690)	(600)	
	回収可能額　C	(90)				(0)	(90)	
	回収不能額　D	(600)					(600)	
【繰延税金資産】								
資産計上	回収可能額　A+C	5,871	3,520	503	260	(350)	(350)	(888)
	税率(%)		40.69%	40.69%	40.69%	40.69%	40.69%	40.69%
	繰延税金資産金額	2,389	1,432	205	106	(142)	(142)	(362)
資産未計上	回収不能額　B+D	1,758						
	税率(%)	40.69%						
	金額	715						

第34問　I 有価証券報告書
引当金明細表

難易度 ★★☆ 普

以下の資料に基づいて、有価証券報告書の【引当金明細表】に関する各小問に答えなさい。なお、百万円未満の金額等、資料から判明しない事項について考慮する必要はない。

〈資料1〉引当金明細表

区分	当期首残高 （百万円）	当期増加額 （百万円）	当期減少額 （目的使用） （百万円）	当期減少額 （その他） （百万円）	当期末残高 （百万円）
貸倒引当金	( )	( )	(a)	( )	( )
賞与引当金	( )	(b)	( )	—	( )
役員退職慰労引当金	( )	—	(c)	—	( )

〈資料2〉平成X2年3月期　貸倒引当金増減明細表（単位：百万円）

区分	当期首残	増加	減少 （目的使用）	減少 （目的外）	当期末残
一括引当	2	155	—	( )	( )
個別引当	( )	50	( )	—	( )
合計	( )	( )	(a)	( )	( )

〈資料3〉貸借対照表（一部抜粋）

（単位：百万円）

	前事業年度 （平成X1年3月31日）	当事業年度 （平成X2年3月31日）
資産の部		
流動資産		
現金及び預金	19,820	21,492
受取手形	6,394	6,985
売掛金	16,410	17,922
貸倒引当金	△2	△155
流動資産合計	42,622	46,244

投資その他の資産		
投資有価証券	8,916	12,395
長期貸付金	2,236	1,417
長期前払費用	754	564
繰延税金資産	1,537	2,936
貸倒引当金	△937	△118
投資その他の資産合計	12,506	17,194

(単位：百万円)

	前事業年度 （平成X1年3月31日）	当事業年度 （平成X2年3月31日）
負債の部		
流動負債		
支払手形	13,887	14,216
買掛金	29,567	32,344
リース債務	906	1,103
賞与引当金	150	406
その他	490	563
流動負債合計	45,000	48,632
固定負債		
リース債務	2,718	3,309
退職給付引当金	6,988	7,864
役員退職慰労引当金	72	70
固定負債合計	9,778	11,243

小問1 〈資料1〉の引当金明細表における「貸倒引当金」の「当期減少額（目的使用）」欄に記載すべき金額（　a　）を答えなさい。

　　　当期減少額（目的使用）　　[　　　]百万円

小問2 〈資料1〉の引当金明細表における「賞与引当金」の「当期増加額」欄に記載すべき金額（　b　）を答えなさい。

　　　当期増加額　　[　　　]百万円

小問3 〈資料1〉の引当金明細表における「役員退職慰労引当金」の「当期減少額（目的使用）」欄に記載すべき金額（　c　）を答えなさい。

　　　当期減少額（目的使用）　　[　　　]百万円

解答・解説

本問は、附属明細表の1つである引当金明細表と財務諸表との関係を問う問題である。引当金明細表に記載される「当期減少額（目的使用）」と「当期減少額（その他）」の内容についても併せて確認してほしい。

小問1

解答： 当期減少額（目的使用）　869　百万円

解説：〈資料2〉平成X2年3月期　貸倒引当金増減明細（単位：百万円）を完成させる。

区分	当期首残	増加	減少 （目的使用）	減少 （目的外）	当期末残
一括引当	2	155	—	i　2	ii　155
個別引当	iii　937	50	iv　869	—	v　118
合計	vi　939	vii　205	(a)　869	i　2	viii　273

i ：貸倒引当金の一括引当は洗い替えであり、目的使用による減少がないため、当期首残の一括引当残高を記載する。
　　i ＝2

ii ：当期末残は、（当期首残）＋（増加）－（減少（目的使用））－（減少（目的外））で求められる。
　　ii ＝2＋155－0－2＝155

iii ：当期首残の合計（vi）から当期首残（一括引当）を差し引く。
　　iii ＝939－2＝937

iv ：個別引当の当期末残を当期首残と増加の合計から差し引いて求める。
　　iv ＝937＋50－118＝869
　　（ a ）＝iv ＝869

v ：ii で求めた一括引当の当期末残を viii で求めた当期末残（合計）から差し引く。
　　v ＝273－155＝118

vi ：前期の貸借対照表の流動資産と固定資産に計上されている貸倒引当金の合計額を記載する。
　　vi ＝2＋937＝939

vii ：一括引当と個別引当の増加の合計
　　vii ＝155＋50＝205

viii ：当期の貸借対照表の流動資産と固定資産に計上されている貸倒引当金

の合計額を記載する。
ⅷ＝155＋118＝273

小問2
解答： 当期増加額　　406　百万円
解説： 当期首残高と当期末残高を貸借対照表から転記する。賞与引当金は原則、洗い替えなので、当期増加額と当期期末残高は一致する。

小問3
解答： 当期減少額（目的使用）　　2　百万円
解説： 当期首残高と当期末残高の差額が当期減少額となる。
　　　　72－70＝2

〈資料1〉引当金明細表を埋めると、以下のとおりとなる。

区分	当期首残高（百万円）	当期増加額（百万円）	当期減少額（目的使用）（百万円）	当期減少額（その他）（百万円）	当期末残高（百万円）
貸倒引当金	939	205	869	2	273
賞与引当金	150	406	150	—	406
役員退職慰労引当金	72	—	2	—	70

●Column　当期減少額（目的使用）の把握方法について

　個別財務諸表における附属明細表のひとつとして引当金明細表を記載する必要がある。引当金明細表は財務諸表等規則の様式第十四号に基づき作成する。
【引当金明細表】

区分	当期首残高 （円）	当期増加額 （円）	当期減少額 （目的使用） （円）	当期減少額 （その他） （円）	当期末残高 （円）

　「当期減少額」の欄のうち（目的使用）の欄には、引当金の設定目的である支出又は事実の発生があったことによる取崩額を記載する。また、（その他）の欄には、目的使用以外の理由による減少額を記載し、減少の理由を注記する必要がある。

　貸倒引当金は、いわゆる「一括引当」と「個別引当」の2種類がある。「一括引当」の場合はいわゆる洗替計算による増減額であるため、その全額が実質的な増加額又は減少額とは認められないものとされるため、当期計上額を「当期増加額」、「当期首残高」を「当期減少額（その他）」に記載すればよい。

　しかし、「個別引当」の場合は、貸倒引当金の計上の対象となった個別の債権の増減理由をしっかり把握しなければならない。そのため、例えば、以下のような個別債権の引当管理表を作成して管理する必要がある。

〈個別債権引当管理表（例）〉

相手先	債権 金額	引当計 上時期	引当 理由	期首引 当残高	追加 引当	引当 取崩	取立 （入金）	税法 償却	期末引 当残高	回収可 能債権 金額

第35問　I 有価証券報告書
主な資産及び負債の内容

難易度 ★★☆ 普

以下の資料に基づいて、【主な資産及び負債の内容】の「売掛金」に記載する「売掛金の発生及び回収並びに滞留状況」に関する各小問に答えなさい。なお、消費税等は5%とし、また当社の売上高に非課税売上は含まれていないものとする。

〈資料1〉売掛金の発生及び回収並びに滞留状況

当期首残高 （百万円） （A）	当期発生高 （百万円） （B）	当期回収高 （百万円） （C）	当期末残高 （百万円） （D）	回収率（％） （?）÷((?)+ (?))×100	滞留期間（日） (((?)+(?))÷ 2)÷(?)×365
16,410	（ a ）	××	17,922	（ b ）	（ c ）

（注）消費税等の会計処理は、税抜方式を採用しておりますが、上記金額には消費税等が含まれております。

〈資料2〉貸借対照表（一部抜粋）

（単位：百万円）

	前事業年度 平成X1年3月31日	当事業年度 平成X2年3月31日
資産の部		
流動資産		
現金及び預金	19,820	21,492
受取手形	6,394	6,985
売掛金	16,410	17,922
有価証券	1,983	2,157

〈資料3〉損益計算書（一部抜粋）

（単位：百万円）

	前事業年度 （自　平成X0年4月1日 　至　平成X1年3月31日）	当事業年度 （自　平成X1年4月1日 　至　平成X2年3月31日）
売上高		
製品売上高	39,263	40,284
商品売上高	54,940	54,601
売上高合計	94,203	94,885

小問1 〈資料1〉の空欄（ a ）に記載すべき金額を答えなさい。
　　　　当期発生高　　□百万円

小問2 〈資料1〉の空欄（ b ）に記載すべき割合を答えなさい。解答に当たり端数が生じる場合には、小数点以下第2位を四捨五入し第1位まで求めること。
　　　　回収率　　□％

小問3 〈資料1〉の空欄（ c ）に記載すべき期間を答えなさい。解答に当たり端数が生じる場合には、小数点以下を切り捨てること。
　　　　滞留期間　　□日

解答・解説

本問は、【主な資産及び負債の内容】に記載する売掛金の発生・回収・滞留状況に関する計算問題である。計算式を含めて完成させると、以下のようになる。

当期首残高 （百万円） （A）	当期発生高 （百万円） （B）	当期回収高 （百万円） （C）	当期末残高 （百万円） （D）	回収率（％） (C)÷((A)+ (B))×100	滞留期間（日） (((A)+(D))÷ 2)÷(B)×365
16,410	99,629	98,117	17,922	84.6	63.0

小問1

解答： 当期発生高　　99,629　　百万円

解説： 本問は前提として売上高に非課税売上は含まれないとされているため、下記の式により売掛金の当期発生高を求めることができる。

　　　当期発生高＝損益計算書の売上高×(100％＋5％(⇒消費税等))
　　　損益計算書の売上高（94,885百万円）×(100％＋5％)＝99,629百万円（解答）

小問2

解答： 回収率　　84.6　　％

解説： 下記の式に当てはめて回収率（％）を求めればよい。

　　　回収率＝当期回収高÷(当期首残高＋当期発生高)×100

　　　まず、当期回収高（＝(A)＋(B)－(D)）を求める。
　　　　16,410百万円＋99,629百万円－17,922百万円＝98,117百万円
　　　次に回収率（％）を求める。
　　　　98,117百万円÷(16,410百万円＋99,629百万円)×100＝84.6％（解答）

小問3

解答： 滞留期間　　63　　日

解説： 下記の式に当てはめて滞留期間（日）を求めればよい。

　　　滞留期間＝((当期首残高＋当期末残高)÷2)÷当期発生高×365

　　　((16,410百万円＋17,992百万円)÷2)÷99,629百万円×365＝63日（解答）

第36問 四半期連結財務諸表①

II 四半期報告書

難易度 ★☆☆ 易

以下の資料に基づいて、当第2四半期に係る【四半期連結財務諸表】の別掲科目に関する各小問に答えなさい。なお、本表に関する注記についてはすべて適切に開示されているものとする。また、百万円未満の金額等、資料から判明しない事項について考慮する必要はない。

〈資料1〉四半期連結貸借対照表（一部抜粋）

(単位：百万円)

	前連結会計年度	当第2四半期連結会計期間
資産の部		
流動資産		
現金及び預金	9,490	16,466
受取手形及び売掛金	20,744	20,267
たな卸資産	23,076	27,657
その他	38,878	43,057
貸倒引当金	△31	△171
流動資産合計	92,157	107,276
固定資産		
有形固定資産	15,255	16,669
無形固定資産	931	804
投資その他の資産		
その他	8,858	8,240
貸倒引当金	△1,242	△665
投資その他の資産合計	7,616	7,575
固定資産合計	23,802	25,048
資産合計	115,959	132,324

〈資料2〉四半期連結損益計算書（一部抜粋）

(単位：百万円)

	前第2四半期 連結累計期間	当第2四半期 連結累計期間
売上高	25,648	53,066
売上原価	20,503	34,947
売上総利益	5,145	18,119
販売費及び一般管理費	8,748	11,063
営業利益又は営業損失（△）	△3,603	7,056
営業外収益		
受取利息	92	62
仕入割引	156	213
その他	200	265
営業外収益合計	448	540
営業外費用		
支払利息	14	17
その他	30	12
営業外費用合計	44	29
経常利益	△3,199	7,567
特別利益		
固定資産売却益	4	—
投資有価証券売却益	—	31
その他	—	2
特別利益合計	4	33
特別損失		
減損損失	1,054	86
その他	125	7
特別損失合計	1,179	93
税金等調整前四半期純利益又は税金等調整前四半期純損失（△）	△4,374	7,507
法人税等	△1,705	1,865
少数株主損益調整前四半期純利益又は少数株主損益調整前四半期純損失（△）	△2,669	5,642
少数株主利益	24	67
四半期純利益又は四半期純損失（△）	△2,693	5,575

〈資料3〉たな卸資産の内訳

(単位：百万円)

たな卸資産の内訳	前連結会計年度	当第2四半期連結会計期間
商品	5,210	6,947
製品	9,324	10,674
仕掛品	6,299	7,815
原材料	1,903	1,992
貯蔵品	340	229
たな卸資産合計	23,076	27,657

〈資料4〉流動資産その他の内訳

(単位：百万円)

流動資産その他の内訳	前連結会計年度	当第2四半期連結会計期間
前払費用	1,373	1,235
前払金	1,127	1,048
未収入金	1,640	1,818
有価証券	31,167	35,166
繰延税金資産	3,571	3,790
流動資産その他合計	38,878	43,057

〈資料5〉前連結会計年度及び当第2四半期連結累計期間に集計された営業外損益の内訳

(単位：百万円)

	前第2四半期連結累計期間	当第2四半期連結累計期間
営業外収益		
受取利息	92	62
受取配当金	122	226
仕入割引	156	213
雑収入	78	39
営業外収益合計	448	540
営業外費用		
支払利息	14	17
為替差損	7	5
雑損失	5	—
その他	18	7
営業外費用合計	44	29

〈資料6〉経理部長と新人経理担当との会話

新人経理：〈資料3〉〜〈資料5〉を基に、〈資料1〉と〈資料2〉を作成しました。

経理部長：ありがとう。さっき目を通したんだけど、何カ所か間違っているね。ちょっと質問するけど、四半期連結財務諸表規則・同ガイドラインでは流動資産の別掲科目が記載されているんだけど、どの科目か覚えているかい？

新人経理：〈現金及び預金〉や〈受取手形及び売掛金〉とかですよね。

経理部長：そうそう。〈資料1〉の流動資産を見てほしいんだけど、その別掲科目が〈その他〉科目に集約されてしまっているものがあるだろう？ それを正しく修正したら、流動資産の正しい〈その他〉科目の金額は（ a ）百万円になるよね。

新人経理：本当だ。申し訳ございません。

経理部長：それから今度は〈資料2〉の営業外収益に注目してくれ。同じく、〈その他〉科目に集約されてしまっているが、別掲する必要のある科目があるよね？

新人経理：本当だ。別掲しなければならない科目を修正すると、営業外収益の正しい〈その他〉科目の金額は（ b ）百万円になります。申し訳ございません。

経理部長：次から気を付ければいい。

新人経理：ところで、〈資料3〉は一切使わなかったのですが、何のために必要だったのでしょうか？

経理部長：〈資料3〉はたな卸資産の内訳注記用に、我が社では毎四半期作成しているんだ。ちなみに、四半期連結財務諸表規則・同ガイドラインではたな卸資産を一括掲記したときでも、第（ c ）四半期についてはその内訳注記を省略できることが記載されているよ。

新人経理：勉強になりました。覚えておきます。

小問1 〈資料6〉の空欄（ a ）に入る金額を答えなさい。
　　　　その他科目の金額　　　□百万円

小問2 〈資料6〉の空欄（ b ）に入る金額を答えなさい。
　　　　その他科目の金額　　　□百万円

小問3 〈資料6〉の空欄（ c ）に入る数値を答えなさい。解答が複数ある場合には、カンマ（,）で区切って答えなさい。
　　　　第□四半期

解答・解説

本問は、四半期連結財務諸表の区分掲記及びたな卸資産を一括掲記した場合の注記に関する問題である。

小問1

解答： その他科目の金額　　　7,891　　百万円

解説： 流動資産の「その他」から「有価証券」を別掲しなければならない。〈資料4〉の「その他」合計43,057百万円から「有価証券」35,166百万円を控除して7,891百万円が解答となる。

　四半期連結財務諸表規則においては、四半期連結貸借対照表の流動資産の区分として、「現金及び預金」「受取手形及び売掛金」「有価証券」「商品及び製品」「仕掛品」「原材料及び貯蔵品」「その他」が記載されている。これらの別掲科目については、資産総額の100分の1（本問では132,324万円の100分の1の1,323百万円）以下であれば他の科目に集約できるが、そうでなければ別掲しなければならない。

　なお、「繰延税金資産」については、連結貸借対照表（有価証券報告書）の流動資産の区分では別掲する必要があるが（資産総額の100分の1以下の場合を除く）、四半期連結貸借対照表（四半期報告書）の流動資産の区分では別掲する必要はない（ただし、資産総額の100分の10を超える場合には別掲する）。

小問2

解答： その他科目の金額　　　39　　百万円

解説： 営業外収益の「その他」から「受取配当金」を別掲しなければならない。〈資料2〉の営業外収益「その他」265百万円から〈資料5〉の「受取配当金」226百万円を控除して39百万円が解答となる。

　営業外収益については、営業外収益の合計の100分の20を超える金額については別掲することが必要であり、同様に営業外費用については、営業外費用の合計の100分の20を超える金額について別掲することが必要である。

　本問では、当第2四半期連結累計期間ベースの受取配当金226百万円が営業外収益の合計540百万円の100分の20を超えているため、別掲する必要がある。

小問3

解答: 第 | 1,3 | 四半期

解説: 「商品及び製品」「仕掛品」「原材料及び貯蔵品」については,「たな卸資産」の科目で一括掲記することができるとされている。また、一括掲記する場合であっても、第1及び第3四半期においては,「たな卸資産」の内訳についての注記を省略することができる(第2四半期においては注記の省略はできない)。

第37問 四半期連結財務諸表②

Ⅱ 四半期報告書

難易度 ★★★ 難

以下の資料に基づいて、当第2四半期に係る四半期連結財務諸表の税金費用に関する各小問に答えなさい。解答にあたっては百万円未満を切り捨て、税率の計算については小数点以下第3位を四捨五入すること。なお、百万円未満の金額等、資料から判明しない事項については考慮する必要はない。

〈資料1〉当第2四半期連結累計(会計)期間の各前提数値

(単位:百万円)

税金等調整前四半期純利益	7,500
賞与引当金	700
貸倒引当金損金算入限度超過額	300
交際費の損金不算入額	250
受取配当金の益金不算入額	150

〈資料2〉当連結会計年度の予想数値

(単位:百万円)

予想年間税金等調整前当期純利益	14,500
交際費の損金不算入額	500
受取配当金の益金不算入額	300

〈資料3〉その他の前提

(単位:百万円)

- 前連結会計年度の繰越欠損金は2,000であったが、当第2四半期において初めてこれに係る繰延税金資産の回収が確実に見込まれるようになったものとする。
- 法定実効税率は40.00%とし、納付税額については課税所得に法定実効税率を乗じた金額と同額になると仮定する。
- 税金費用は法人税等調整額を含むことに留意する。
- 当期首の繰延税金資産の連結貸借対照表計上額は100とする。

〈資料4〉四半期連結損益計算書（一部抜粋）

(単位：百万円)

	前第2四半期連結累計期間	当第2四半期連結累計期間
税金等調整前四半期純利益又は税金等調整前四半期純損失（△）	△4,374	7,500
法人税等	△1,705	（ a ）
少数株主損益調整前四半期純利益又は少数株主損益調整前四半期純損失（△）	△2,669	（ ）
少数株主利益	24	（ ）
四半期純利益又は四半期純損失（△）	△2,693	（ ）

小問1　〈資料4〉の空欄の（　a　）に入る金額を答えなさい。ただし、四半期特有の会計処理は採用しないものと仮定する。

　　　　法人税等　　　　　　　　百万円

小問2　四半期特有の会計処理を採用した場合に適用する見積実効税率を計算しなさい。

　　　　見積実効税率　　　　　　％

小問3　見積実効税率を36.45％と仮定して、四半期特有の会計処理を採用した場合、〈資料4〉の空欄（　a　）に入る金額を答えなさい。

　　　　法人税等　　　　　　　　百万円

解答・解説

本問は、法人税等の計算において四半期特有の会計処理を採用しない場合(原則的な会計処理)と四半期特有の会計処理を採用した場合の比較問題である。なお、採用した四半期特有の会計処理から原則的な会計処理への変更は、会計処理の変更となることに留意してほしい。

小問1

解答: 法人税等　　2,340　百万円

解説:

(法人税、住民税及び事業税)

税金等調整前四半期純利益	7,500百万円
将来減算一時差異 (A)	1,000百万円
交際費の損金不算入額	250百万円
受取配当金の益金不算入額	△150百万円
繰越欠損金	△2,000百万円
課税所得 (B)	6,600百万円
納付税率 (C)	40.00%
法人税、住民税及び事業税 (D)	2,640百万円

(A)＝賞与引当金700百万円＋貸倒引当金損金算入限度超過額300百万円
　　＝1,000百万円
(B)＝7,500百万円＋1,000百万円＋250百万円＋△150百万円＋△2,000百万円
　　＝6,600百万円
(C)＝所与
(D)＝(B)×(C)＝2,640百万円

(繰延税金資産)

将来減算一時差異	1,000百万円
法定実効税率	40.00%
繰延税金資産	400百万円

(法人税等調整額)

当期首の繰延税金資産	100百万円
当第2四半期末の繰延税金資産	400百万円
法人税等調整額 (△貸方)	△300百万円

(税金費用)

法人税、住民税及び事業税	2,640百万円
法人税等調整額（△貸方）	△300百万円
法人税等	2,340百万円

小問2

解答： 見積実効税率　　35.03　％

解説：

予想年間税金等調整前当期純利益（A）	14,500百万円
交際費の損金不算入額	500百万円
受取配当金の益金不算入額	△300百万円
繰越欠損金充当額	△2,000百万円
補正後税金等調整前当期純利益（B）	12,700百万円
法定実効税率（C）	40.00%
予想年間税金費用（D）	5,080百万円
見積実効税率　（E）	35.03%

(B)＝(A)＋調整額(500百万円＋△300百万円＋△2,000百万円)＝12,700百万円
(C)＝所与
(D)＝(B)×(C)＝5,080百万円
(E)＝(D)÷(A)＝35.03%

小問3

解答： 法人税等　　2,733　百万円

解説： 四半期特有の会計処理として容認される税金費用の計算は、税金等調整前四半期純利益に見積実効税率を乗じて計算する。

税金費用＝7,500百万円×36.45%＝2,733百万円（百万円未満切り捨て）

第38問 Ⅱ 四半期報告書
四半期連結財務諸表 注記①

難易度 ★★☆ 普

以下の資料に基づいて、四半期報告書の注記事項に関する各小問に答えなさい。〈資料1〉及び〈資料3〉は第2四半期累計期間、〈資料2〉及び〈資料4〉は第3四半期累計期間についての資料である。なお、資料から判明しない事項について考慮する必要はない。

〈資料1〉たな卸資産に関する情報

(単位：百万円)

たな卸資産の内訳	前連結会計年度	当第2四半期連結会計期間
商品	5,210	6,947
製品	9,324	10,674
仕掛品	6,299	7,815
原材料	1,903	1,992
貯蔵品	340	229
たな卸資産合計	23,076	27,657

〈資料2〉減価償却に関する情報

(単位：百万円)

	取得原価	当第3四半期連結累計期間に係る減価償却費	減価償却累計額	当第3四半期末帳簿価額
建物	1,123	28	888	235
機械装置	1,875	175	1,467	408
器具備品	539	14	441	98
ソフトウェア	770	69	467	303
のれん	890	178	534	356

〈資料3〉
(四半期連結貸借対照表関係)
たな卸資産の内訳は次のとおりであります。

	前連結会計年度	当第2四半期連結会計期間
商品及び製品	14,534百万円	17,621百万円
仕掛品	6,299 〃	7,815 〃
原材料及び貯蔵品	2,243 〃	(a) 〃

〈資料4〉
(四半期連結キャッシュ・フロー計算書関係)
　当第3四半期連結累計期間に係る四半期連結キャッシュ・フロー計算書は作成しておりません。なお、第3四半期連結累計期間に係る減価償却費(のれんを除く無形固定資産に係る償却費を含む)及びのれんの償却額は、次のとおりであります。

	前第3四半期連結累計期間	当第3四半期連結累計期間
減価償却費	(　　) 百万円	(b) 百万円
のれんの償却額	(　　) 〃	(c) 〃

小問1　〈資料3〉の空欄(a)に入る金額を答えなさい。
　　　　原材料及び貯蔵品　□百万円

小問2　〈資料4〉の空欄(b)に入る金額を答えなさい。
　　　　減価償却費　□百万円

小問3　〈資料4〉の空欄(c)に入る金額を答えなさい。
　　　　のれんの償却額　□百万円

解答・解説

本問は、四半期連結財務諸表の注記に関する問題である。特に第2四半期における注記の取扱いに注意してほしい。

小問1

解答： 原材料及び貯蔵品　　2,221　百万円

解説：　たな卸資産については、四半期連結貸借対照表上、すべての四半期において一括掲記が可能であるが、その場合、第2四半期だけは内訳の注記が必要となる。一括掲記した場合でも、第1及び第3四半期においては内訳の注記は不要である。

　　　本問では、単純に内訳明細の原材料1,992百万円と貯蔵品229百万円を集計した2,221百万円が正解となる。

小問2

解答： 減価償却費　　286　百万円

解説：　四半期連結財務諸表における連結キャッシュ・フロー計算書は第2四半期のみ作成が要求されている。しかしながら、第1及び第3四半期において連結キャッシュ・フロー計算書を作成しない場合は、重要性が乏しい場合を除いて、減価償却費（のれんを除く無形固定資産に係る償却費を含む）と、のれんの償却額を注記することが求められている。

　　　本問では、〈資料2〉より、建物28百万円＋機械装置175百万円＋器具備品14百万円＋ソフトウェア69百万円＝286百万円が正解となる。

小問3

解答： のれんの償却額　　178　百万円

解説：　〈資料2〉より、当第3四半期連結累計期間におけるのれんの償却額は178百万円となる。

第39問 Ⅱ 四半期報告書
四半期連結財務諸表 注記②

難易度 ★★☆ 普

以下の資料に基づいて、四半期報告書の注記事項に関する各小問に答えなさい。なお、百万円未満の金額等、資料から判明しない事項について考慮する必要はない。

〈資料1〉当第2四半期累計期間の販売費及び一般管理費の内訳

（単位：百万円）

A	給料	2,618
B	役員報酬	1,212
C	賞与引当金繰入額	647
D	退職給付費用	332
E	減価償却費	2,265
F	研究開発費	2,381
G	旅費交通費	38
H	広告宣伝費	1,177
I	寄付金	30
J	水道光熱費	45
K	雑費	149
L	その他	191
	販売費及び一般管理費合計	11,085

〈資料2〉四半期連結損益計算書（一部抜粋）

（単位：百万円）

	前第2四半期連結累計期間	当第2四半期連結累計期間
売上高	144,000	158,000
売上原価	130,483	142,780
売上総利益	13,517	15,220
販売費及び一般管理費	※ 10,346	※ 11,085
営業利益	3,171	4,135

〈資料3〉 四半期連結損益計算書関係の注記（一部抜粋）
※　販売費及び一般管理費のうち主要な費目及び金額は次のとおりであります。

	前第2四半期連結累計期間	当第2四半期連結累計期間
給料	2,585百万円	2,618百万円
役員報酬	1,200	1,212
賞与引当金繰入額	641	647
退職給付費用	324	332
減価償却費	2,349	2,265
研究開発費	2,265	2,381
広告宣伝費	1,413	1,177

〈資料4〉 経理部長と新人経理担当との会話

新人経理：部長、〈資料2〉と〈資料3〉を作成しました。四半期だったので、販売費及び一般管理費については作成も簡単でした。

経理部長：そうだね。
四半期連結損益計算書では、販売費及び一般管理費の別掲基準も年度より緩和されている。また、君の作成した〈資料2〉のように、販売費及び一般管理費を一括掲記することも認められている。

新人経理：ただし、〈資料3〉の注記を作成しなければならないんですよね？

経理部長：勘違いしないでもらいたいが、一括掲記することはすべての四半期で認められているが、注記が必要となるのは第（　a　）四半期であって、それ以外の四半期については注記は不要とされているよ。

新人経理：そうでした。
ちなみに注記が必要となる主要な費目というのは、引当金繰入額（その金額が少額であるものを除く）及びこれ以外の費目でその金額が販売費及び一般管理費の合計額の100分の（　b　）を超える費用又は販売費及び一般管理費の合計額の100分の（　b　）以下であっても区分して表示することが適切と認められる費用のことですよね。

経理部長：そのとおり。
では最後に問題だ。仮に、我が社が連結子会社のない単体決算の会社だとしよう。そして、販売費及び一般管理費を一括掲記していない場合は、四半期損益計算書の販売費及び一般管理費の内訳として別掲する科目のうち、〈その他〉として計上する金額はいくらになるだろうか？
ただし、内訳の金額は〈資料1〉を使い、別掲する科目については必要最低限のものだけ別掲することとしよう。

新人経理：その場合、〈その他〉として計上する金額は（　c　）百万円です。

経理部長：正解だ。素晴らしい。

小問1　〈資料4〉の空欄（　a　）に入る数値を答えなさい。
　　　　　　　　　　第☐四半期

小問2　〈資料4〉の空欄（　b　）に入る数値を答えなさい。
　　　　　　　　100分の☐

小問3　〈資料4〉の空欄（　c　）に入る金額を答えなさい。
　　　　その他として計上する金額　☐百万円

解答・解説

　本問は、各四半期での連結損益計算書における販売費及び一般管理費の注記を取り扱った問題である。

小問1
解答：　第　2　四半期
解説：　販売費及び一般管理費を一括掲記した場合、第1四半期及び第3四半期においては、その主要な費目の注記は求められておらず、注記を省略して構わない。しかし、第2四半期では注記の省略は認められておらず、主要な費目を注記する必要がある。

小問2
解答：　100分の　20
解説：　主要な費目とは、引当金繰入額（その金額が少額であるものを除く）及びこれ以外の費目でその金額が販売費及び一般管理費の合計額の100分の20を超える費用又は販売費及び一般管理費の合計額の100分の20以下であっても区分して表示することが適切と認められる費用のことである。

小問3
解答：　その他として計上する金額　2,842　百万円
解説：　販売費及び一般管理費の別掲基準は、四半期連結財務諸表と四半期財務諸表において特段の違いはない。また、会計期間情報においても累計期間の別掲基準と同様である。

　本問においては、販売費及び一般管理費の合計11,085百万円の100分の20である2,217百万円超の金額と、引当金繰入額の金額以外を集計すればよい。

　給料2,618百万円＋賞与引当金繰入額647百万円＋退職給付費用332百万円＋減価償却費2,265百万円＋研究開発費2,381百万円＝8,243百万円以外がその他として集計される。11,085百万円－8,243百万円＝2,842百万円が正解となる。

● Column　四半期連結財務諸表の別掲基準

　四半期連結財務諸表の別掲基準を連結財務諸表と比較すると、以下のとおりであり、簡便化されていることが分かる。

〈貸借対照表項目の別掲基準〉

	連結貸借対照表	四半期連結貸借対照表
貸借対照表項目	別掲科目（引当金を除く）については総資産（又は負債及び純資産）の100分の1以下であれば他の科目と集約可能。 「その他」の科目であっても、総資産の100分の5超であれば別掲が必要。	別掲科目（引当金を除く）については総資産（又は負債及び純資産）の100分の1以下であれば他の科目と集約可能。 「その他」の科目であっても、総資産の100分の10超であれば別掲が必要。

〈別掲科目として記載されている損益計算書上の科目〉

	連結損益計算書	四半期連結損益計算書
販売費及び一般管理費	販売費及び一般管理費の合計額の100分の10　※1	販売費及び一般管理費の合計額の100分の20　※2
営業外収益	営業外収益合計の100分の10	営業外収益合計の100分の20
営業外費用	営業外費用合計の100分の10	営業外費用合計の100分の20
特別利益	特別利益合計の100分の10	特別利益合計の100分の20
特別損失	特別損失合計の100分の10	特別損失合計の100分の20

※1：引当金繰入額については、販売費及び一般管理費の合計額の100分の10以下であっても、金額が少額な場合を除いて別掲が必要。

※2：販売費及び一般管理費については、販売費の科目若しくは一般管理費の科目又は販売費及び一般管理費の科目に一括して掲記し、その主要な費目及びその金額を注記する方法でよい。この場合、主要な費目とは、引当金繰入額及びこれ以外の費目で、その金額が販売費及び一般管理費の合計額の100分の20を超える費用、その他区分して表示することが適切と認められる費用をいう。なお、第1・3四半期連結累計期間については、販売費の科目若しくは一般管理費の科目又は販売費及び一般管理費の科目に一括して掲記した場合においても、その主要な費目及びその金額の注記は必要ない。

第40問 Ⅲ 決算短信 連結経営成績

難易度 ★★☆ 普

以下の資料に基づいて、決算短信に関する各小問に答えなさい。なお、千円未満の金額等、資料から判明しない事項について考慮する必要はない。また、端数等の処理については、『決算短信様式・作成要領等』における原則的な処理方法によるものとする。

〈資料1〉前連結会計年度及び当連結会計年度の連結貸借対照表の一部

(単位:千円)

	前連結会計年度 (平成X1年3月31日)	当連結会計年度 (平成X2年3月31日)
純資産の部		
株主資本		
資本金	11,055,292	11,055,292
資本剰余金	18,013,191	18,015,187
利益剰余金	29,655,056	36,266,953
自己株式	△1,817,971	△1,747,453
株主資本合計	56,905,568	63,589,979
その他の包括利益累計額		
その他有価証券評価差額金	417,850	468,150
繰延ヘッジ損益	△11,000	△2,500
為替換算調整勘定	△1,114,500	△1,706,800
その他の包括利益累計額合計	△707,650	△1,241,150
新株予約権	270,903	260,882
少数株主持分	1,662,930	1,760,573
純資産合計	58,131,751	64,370,284
負債純資産合計	120,059,840	134,868,385

〈資料2〉 前連結会計年度及び当連結会計年度の連結損益計算書の一部

(単位：千円)

	前連結会計年度 (自　平成X0年4月1日 　至　平成X1年3月31日)	当連結会計年度 (自　平成X1年4月1日 　至　平成X2年3月31日)
売上高	99,773,943	111,453,145
売上原価	64,853,063	72,894,815
売上総利益	34,920,880	38,558,330
販売費及び一般管理費	18,918,006	19,599,836
営業利益	16,002,874	18,958,494
	⋮	⋮
経常利益	14,457,486	17,302,335
	⋮	⋮
税金等調整前当期純利益	13,704,542	16,596,878
法人税、住民税及び事業税	5,795,850	6,914,400
法人税等調整額	△123,750	△312,700
法人税等合計	5,672,100	6,601,700
少数株主損益調整前当期純利益	8,032,442	9,995,178
少数株主利益	90,384	147,662
当期純利益	7,942,058	9,847,516

〈資料3〉 決算短信（一部抜粋）

1. 平成X2年3月期の連結業績（平成X1年4月1日～平成X2年3月31日）
(1) 連結経営成績　　　　　　　　　　　　　　　（％表示は対前期増減率）

	売上高		営業利益		経常利益		当期純利益	
	百万円	％	百万円	％	百万円	％	百万円	％
X2年3月期	(　)	(　)	(　)	(　)	(　)	(　)	(　)	(　)
X1年3月期	(　)	(　)	(　)	(　)	(　)	(　)	(　)	(　)

(注) 包括利益　　X2年3月期（　）百万円（　％）　X1年3月期（　）百万円（　％）

	1株当たり 当期純利益	潜在株式調整 後1株当たり 当期純利益	自己資本 当期純利益率	総資産 経常利益率	売上高 営業利益率
	円　銭	円　銭	％	％	％
X2年3月期	(a)	(　)	(b)	(c)	(　)
X1年3月期	(　)	(　)	(　)	(　)	(　)

(参考) 持分法投資損益　　X2年3月期（　）百万円　　X1年3月期（　）百万円

(中略)

※ 注記事項
(1) 期中における重要な子会社の異動（連結範囲の変更を伴う特定子会社の異動）：有・無
　　新規　　　社　（社名）　　　　　　　　　　除外　　　社　（社名）

(2) 会計方針の変更・会計上の見積りの変更・修正再表示
　　① 会計基準等の改正に伴う会計方針の変更　　：有・無
　　② ①以外の会計方針の変更　　　　　　　　　：有・無
　　③ 会計上の見積りの変更　　　　　　　　　　：有・無
　　④ 修正再表示　　　　　　　　　　　　　　　：有・無

(3) 発行済株式数（普通株式）

①	期末発行済株式数（自己株式を含む）	X2年3月期	30,100,722株	X1年3月期	30,100,722株
②	期末自己株式数	X2年3月期	259,322株	X1年3月期	269,322株
③	期中平均株式数	X2年3月期	29,839,000株	X1年3月期	29,828,000株

小問1　〈資料3〉の空欄（　a　）の1株当たり当期純利益を答えなさい。
　　　　1株当たり当期純利益　　　　　　　　円

小問2　〈資料3〉の空欄（　b　）の自己資本当期純利益率を答えなさい。
　　　　自己資本当期純利益率　　　　　　　　％

小問3　〈資料3〉の空欄（　c　）の総資産経常利益率を答えなさい。
　　　　総資産経常利益率　　　　　　　　　　％

解答・解説

　本問は、決算短信のサマリーとして記載される経営指標のうち、連結経営成績に係る経営指標について問う問題である。経営指標については、算定式が各証券取引所の『決算短信様式・作成要領等』に記載されており、正確に算定式を理解しておく必要がある。

　なお、『決算短信様式・作成要領等』においては、銭単位で表示する場合は、銭未満を原則として四捨五入、％(パーセント)で表示する場合は、小数第一位未満を原則として四捨五入することとされていることに留意してほしい。

小問1

解答： 1株当たり当期純利益　　330.02　円

解説： 1株当たり当期純利益は、以下の算定式により求める。

$$1株当たり当期純利益 = \frac{普通株式に係る当期純利益}{普通株式の期中平均株式数}$$

$$= \frac{9,847,516,000円}{29,839,000株}$$

$$= 330.0216\cdots$$

$$= 330.02円（解答）（銭未満を四捨五入）$$

小問2

解答： 自己資本当期純利益率　　16.6　％

解説： 自己資本及び自己資本当期純利益率は、以下の算定式により求める。

自己資本＝純資産合計－新株予約権－少数株主持分
・期首自己資本＝58,131,751,000円－270,903,000円－1,662,930,000円
・期末自己資本＝64,370,284,000円－260,882,000円－1,760,573,000円

$$自己資本当期純利益率 = \frac{当期純利益}{(期首自己資本＋期末自己資本)÷2} \times 100$$

$$= \frac{9,847,516,000円}{(56,197,918,000円＋62,348,829,000円)÷2} \times 100$$

$$= 16.613\cdots$$

$$= 16.6\%（解答）（小数第一位未満を四捨五入）$$

小問 3

解答： 総資産経常利益率　　13.6　％

解説： 総資産経常利益率は、以下の算定式により求める。

$$総資産経常利益率 = \frac{経常利益}{(期首総資産 + 期末総資産) \div 2} \times 100$$

$$= \frac{17,302,335,000 円}{(120,059,840,000 円 + 134,868,385,000 円) \div 2} \times 100$$

$$= 13.574\cdots$$

$$= 13.6\%（解答）（小数第一位未満を四捨五入）$$

第41問 Ⅲ 決算短信
連結財政状態

難易度 ★★☆ 普

　以下の資料に基づいて、決算短信に関する各小問に答えなさい。なお、千円未満の金額等、資料から判明しない事項について考慮する必要はない。また、端数等の処理については、『決算短信様式・作成要領等』における原則的な処理方法によるものとする。

〈資料1〉前連結会計年度及び当連結会計年度の連結貸借対照表の一部

（単位：千円）

	前連結会計年度 （平成X1年3月31日）	当連結会計年度 （平成X2年3月31日）
純資産の部		
株主資本		
資本金	11,055,292	11,055,292
資本剰余金	18,013,191	18,015,187
利益剰余金	29,655,056	36,266,953
自己株式	△1,817,971	△1,747,453
株主資本合計	56,905,568	63,589,979
その他の包括利益累計額		
その他有価証券評価差額金	417,850	468,150
繰延ヘッジ損益	△11,000	△2,500
為替換算調整勘定	△1,114,500	△1,706,800
その他の包括利益累計額合計	△707,650	△1,241,150
新株予約権	270,903	260,882
少数株主持分	1,662,930	1,760,573
純資産合計	58,131,751	64,370,284
負債純資産合計	120,059,840	134,868,385

〈資料2〉発行済株式数に係る情報（有価証券報告書からの一部抜粋）
(6)【所有者別状況】

平成X2年3月31日現在

区分	株式の状況（1単元の株式数100株）								単元未満株式の状況（株）
	政府及び地方公共団体	金融機関	金融商品取引業者	その他の法人	外国法人等		個人その他	計	
					個人以外	個人			
株主数（人）	1	41	18	132	159	12	9,665	10,028	―
所有株式数（単元）	28	90,552	10,643	18,104	150,339	56	31,120	300,842	16,522
所有株式数の割合（％）	0.01	30.10	3.54	6.02	49.97	0.02	10.34	100.00	―

（注）自己株式259,322株は、「個人その他」に2,593単元、「単位未満株式の状況」に22株含まれております。

〈資料3〉決算短信（一部抜粋）

平成X2年4月27日

上 場 会 社 名　○○○○○○株式会社　　　　上場取引所　東
コ ー ド 番 号　****　　　　　URL http://
代　　表　　者　（役職名）○○○○○　　（氏名）○○○○○
問合せ先責任者　（役職名）○○○○○○　（氏名）○○○○○　（TEL）**(****)****
定時株主総会開催予定日　平成X2年6月28日　配当支払開始予定日　平成X2年6月29日
有価証券報告書提出予定日　平成X2年6月28日
決算補足説明資料作成の有無　　：有・無
決算説明会開催の有無　　　　　：有・無（○○○向け）

(百万円未満切捨て)

1. 平成X2年3月期の連結業績（平成X1年4月1日～平成X2年3月31日）
(1) 連結経営成績　　　　　　　　　　　　　　　　（％表示は対前期増減率）

	売上高		営業利益		経常利益		当期純利益	
	百万円	％	百万円	％	百万円	％	百万円	％
X2年3月期	(　)	(　)	(　)	(　)	(　)	(　)	(　)	(　)
X1年3月期	(　)	(　)	(　)	(　)	(　)	(　)	(　)	(　)

(注) 包括利益　X2年3月期（　）百万円（　％）　X1年3月期（　）百万円（　％）

	1株当たり当期純利益	潜在株式調整後1株当たり当期純利益	自己資本当期純利益率	総資産経常利益率	売上高営業利益率
	円　銭	円　銭	％	％	％
X2年3月期	(　)	(　)	(　)	(　)	(　)
X1年3月期	(　)	(　)	(　)	(　)	(　)

(参考) 持分法投資損益　X2年3月期（　）百万円　X1年3月期（　）百万円

(2) 連結財政状態

	総資産	純資産	自己資本比率	1株当たり純資産
	百万円	百万円	％	円　銭
X2年3月期	(　)	(　)	(b)	(c)
X1年3月期	(　)	(　)	(　)	(　)

(参考) 自己資本　X2年3月期（ a ）百万円　X1年3月期（　）百万円

小問1 〈資料3〉の空欄（ a ）の自己資本を答えなさい。
　　　　自己資本　　　　　　　　　百万円

小問2 〈資料3〉の空欄（ b ）の自己資本比率を答えなさい。
　　　　自己資本比率　　　　　　　％

小問3 〈資料3〉の空欄（ c ）の1株当たり純資産を答えなさい。
　　　　1株当たり純資産　　　　　円

解答・解説

　本問は、決算短信のサマリーとして記載される経営指標のうち、連結財政状態に係る経営指標について問う問題である。前問と同様、算定式を正確に理解しておく必要がある。

小問1
解答：　自己資本　　| 62,348 |　百万円

解説：　自己資本＝純資産合計－新株予約権－少数株主持分
　　　　　　　　＝64,370,284,000円－260,882,000円－1,760,573,000円
　　　　　　　　＝62,348,829,000円
　　　　　　　　＝62,348百万円（解答）（百万円未満切捨て）

　なお、決算短信で記載する数値の端数処理については、東京証券取引所の『決算短信様式・作成要領等』において、百万円単位で表示する場合は百万円未満を切捨てることとしているが、百万円未満を四捨五入しても差し支えないとされている。本問においては、〈資料3〉において「百万円未満切捨て」とされていることから、百万円未満を切捨てて解答することになる。

小問2
解答：　自己資本比率　　| 46.2 |　％

解説：　自己資本比率＝（自己資本／総資産）×100
　　　　　　　　　　＝（62,348,829,000円／134,868,385,000円）×100
　　　　　　　　　　＝46.22…
　　　　　　　　　　＝46.2％（解答）（小数第一位未満を四捨五入）

小問3
解答：　1株当たり純資産　　| 2,089.34 |　円

解説：　1株当たり純資産は、以下の算定式により求める。なお、本問においては、有価証券報告書の【所有者別状況】から期末発行済株式数を導くことも併せて問うているため、株式の状況の内容等も理解しておく必要がある。

　　　　期末発行済株式数＝300,842単元×100株＋16,522株
　　　　　　　　　　　　＝30,100,722株

$$\text{1株当たり純資産} = \frac{\text{貸借対照表の純資産の部} - \text{新株予約権} - \text{少数株主持分}}{\text{期末発行済株式数} - \text{期末自己株式数}}$$

$$= \frac{64,370,284,000円 - 260,882,000円 - 1,760,573,000円}{30,100,722株 - 259,322株}$$

＝2,089.339…

＝2,089.34円（解答）（銭未満を四捨五入）

　なお、決算短信で記載する数値の端数処理については、東京証券取引所の『決算短信様式・作成要領等』において、銭単位で表示する場合は、銭未満を原則として四捨五入することとされている。

第42問 Ⅲ 決算短信 配当の状況

難易度 ★★☆ 普

以下の資料に基づいて、決算短信に関する各小問に答えなさい。なお、資料から判明しない事項について考慮する必要はない。端数等の処理については、『決算短信様式・作成要領等』における原則的な処理方法によるものとする。

〈資料1〉1株当たりの指標

	前連結会計年度 (自　平成X0年4月1日 至　平成X1年3月31日)	当連結会計年度 (自　平成X1年4月1日 至　平成X2年3月31日)
1株当たり純資産額	1,883円85銭	2,089円34銭
1株当たり当期純利益金額	266円26銭	330円02銭
潜在株式調整後1株当たり当期純利益金額	264円97銭	329円12銭

〈資料2〉配当に関する情報（有価証券報告書から一部抜粋）
前連結会計年度
3. 配当に関する事項
(1) 配当金支払額

（決議）	株式の種類	配当金の総額（百万円）	1株当たり配当額（円）	基準日	効力発生日
平成X0年6月28日 定時株主総会	普通株式	597	20	平成X0年3月31日	平成X0年6月30日
平成X0年11月10日 取締役会	普通株式	597	20	平成X0年9月30日	平成X0年11月30日

(2) 基準日が当連結会計年度に属する配当のうち、配当の効力発生日が翌連結会計年度となるもの

（決議）	株式の種類	配当金の総額（百万円）	配当の原資	1株当たり配当額（円）	基準日	効力発生日
平成X1年6月28日 定時株主総会	普通株式	686	利益剰余金	23	平成X1年3月31日	平成X1年6月29日

当連結会計年度
3. 配当に関する事項
(1) 配当金支払額

（決議）	株式の種類	配当金の総額（百万円）	1株当たり配当額（円）	基準日	効力発生日
平成X1年6月28日 定時株主総会	普通株式	686	23	平成X1年 3月31日	平成X1年 6月28日
平成X1年11月10日 取締役会	普通株式	686	23	平成X1年 9月30日	平成X1年 11月30日

(2) 基準日が当連結会計年度に属する配当のうち、配当の効力発生日が翌連結会計年度となるもの

（決議）	株式の種類	配当金の総額（百万円）	配当の原資	1株当たり配当額（円）	基準日	効力発生日
平成X2年6月28日 定時株主総会	普通株式	746	利益剰余金	25	平成X2年 3月31日	平成X2年 6月29日

〈資料3〉決算短信（一部抜粋）
2. 配当の状況

	年間配当金					配当金総額（合計）	配当性向（連結）	純資産配当率（連結）
	第1四半期末	第2四半期末	第3四半期末	期末	合計			
	円 銭	円 銭	円 銭	円 銭	円 銭	百万円	%	%
X1年3月期	( )	( )	( )	( )	( )	( )	( )	( )
X2年3月期	( )	( )	( )	( )	(a)	( )	(b)	(c)
X3年3月期（予想）	( )	( )	( )	( )	( )		( )	

小問1 〈資料3〉の空欄（ a ）の年間配当金の合計を答えなさい。
　　　年間配当金の合計　　　　　　　　円

小問2 〈資料3〉の空欄（ b ）の配当性向（連結）を答えなさい。
　　　配当性向（連結）　　　　　　　　%

小問3 〈資料3〉の空欄（ c ）の純資産配当率（連結）を答えなさい。
　　　純資産配当率（連結）　　　　　　%

解答・解説

本問は、決算短信のサマリーとして記載される経営指標のうち、配当に係る経営指標について問う問題である。有価証券報告書における関連箇所との整合性を確認するとともに、前問と同様に算定式を正確に理解しておく必要がある。

小問1

解答： 年間配当金の合計　　48.00　円

解説： ここで記載する年間配当金の金額は、X2年3月期の事業年度に係る中間配当と年次の配当金の金額となる。そのため、平成X1年11月10日取締役会決議の中間配当金23円と平成X2年6月28日定時株主総会決議の配当金25円の合計48円となる。X2年3月期中に支払った配当金の金額ではないことに留意してほしい。

小問2

解答： 配当性向（連結）　　14.5　％

解説： 配当性向（連結）は、以下の算定式により求める。

$$配当性向（連結） = \frac{当該事業年度に基準日が属する普通株式に係る1株当たり個別配当金（合計）}{1株当たり連結当期純利益} \times 100$$

$$= \frac{48.00円}{330.02円} \times 100$$

$$= 14.544\cdots$$

$$= 14.5\%（解答）（小数第一位未満を四捨五入）$$

小問3

解答： 純資産配当率（連結）　　2.4　％

解説： 純資産配当率（連結）は、以下の算定式により求める。

$$純資産配当率（連結） = \frac{当該事業年度に基準日が属する普通株式に係る1株当たり個別配当金（合計）}{(期首1株当たり連結純資産 + 期末1株当たり連結純資産) \div 2} \times 100$$

$$= \frac{48.00円}{(1,883.85円 + 2,089.34円) \div 2} \times 100$$

$$= 2.416\cdots$$

$$= 2.4\%（解答）（小数第一位未満を四捨五入）$$

第43問 III 決算短信 キャッシュ・フロー関連指標

難易度 ★★☆ 普

以下の資料に基づいて、当期の決算短信に関する各小問に答えなさい。なお、千円未満の金額等、資料から判明しない事項について考慮する必要はない。また、端数等の処理については、『決算短信様式・作成要領等』における原則的な処理方法によるものとする。

〈資料1〉 主要な経営指標等の推移（有価証券報告書より一部抜粋）
(1) 連結経営指標等

回　　次		第23期	第24期
決算年月		平成X1年3月	平成X2年3月
売上高	（千円）	26,749,259	27,135,131
経常利益	（千円）	3,054,360	3,367,791
当期純利益	（千円）	2,133,509	2,175,602
包括利益	（千円）	1,598,506	1,894,880
純資産額	（千円）	19,459,254	24,186,163
総資産額	（千円）	27,625,351	33,326,881
：	（省略）	：	：
営業活動による キャッシュ・フロー	（千円）	3,609,564	3,199,794
投資活動による キャッシュ・フロー	（千円）	△2,413,057	△2,701,464
財務活動による キャッシュ・フロー	（千円）	△161,860	△102,739
現金及び現金同等物の 期末残高	（千円）	4,583,773	4,979,364
従業員数 （外、平均臨時雇用者数）	（名）	1,330	1,368

〈資料2〉連結損益計算書（一部抜粋）

(単位：百万円)

	前連結会計年度 (自　平成X0年4月1日 至　平成X1年3月31日)	当連結会計年度 (自　平成X年4月1日 至　平成X1年3月31日)
売上高	26,749,259	27,135,131
売上原価	:	:
売上総利益	:	:
販売費及び一般管理費	:	:
営業利益	:	:
営業外収益		
受取利息	1,201	1,117
受取配当金	14,236	15,254
持分法による投資利益	47,407	63,198
その他	18,435	18,974
営業外収益合計	81,279	98,543
営業外費用		
支払利息	25,621	23,629
支払手数料	10,677	11,773
為替差損	3,004	11,062
その他	4,097	4,997
営業外費用合計	43,399	51,461
経常利益	3,054,360	3,367,791

〈資料3〉借入金等明細表

区分	当期首残高 (千円)	当期末残高 (千円)	平均利率 (％)	返済期限
短期借入金	423,000	301,000	1.00	—
1年以内に返済予定の長期借入金	123,800	209,300	2.97	—
1年以内に返済予定のリース債務	74,619	51,215	3.25	—
長期借入金（1年以内に返済予定のものを除く）	213,300	226,900	2.97	平成X3年4月～ 平成X7年3月
リース債務（1年以内に返済予定のものを除く）	79,383	41,245	3.25	平成X3年4月～ 平成X8年3月
その他有利子負債	—	—	—	—
合計	914,102	829,660	—	

〈**資料4**〉株式に関する情報

発行済株式数　20,000,000株（普通株式のみの発行である）

自己株式数　　20,573株

平成X2年3月31日の株価　1,431円

〈**資料5**〉決算短信（一部抜粋）

（キャッシュ・フロー関連指標の推移）

	平成-X2年 3月期	平成-X1年 3月期	平成X0年 3月期	平成X1年 3月期	平成X2年 3月期
自己資本比率（%）	(　)	(　)	(　)	(　)	(　)
時価ベースの自己資本比率（%）	(　)	(　)	(　)	(　)	(a)
キャッシュ・フロー対有利子負債比率	(　)	(　)	(　)	(　)	(b)
インタレスト・カバレッジ・レシオ（倍）	(　)	(　)	(　)	(　)	(c)

小問1　〈資料5〉の空欄（ a ）に入る数値を答えなさい。

時価ベースの自己資本比率　　　　　　　　　%

小問2　〈資料5〉の空欄（ b ）に入る数値を答えなさい。

キャッシュ・フロー対有利子負債比率　　　　　　　　%

小問3　〈資料5〉の空欄（ c ）に入る数値を答えなさい。なお、利息の支払に関して、未払いや前払いはなかったものとする。

インタレスト・カバレッジ・レシオ　　　　　　　　倍

解答・解説

本問は、キャッシュ・フロー関連指標である「自己資本比率」、「時価ベースの自己資本比率（株式時価総額／総資産）」、「キャッシュ・フロー対有利子負債比率（有利子負債／キャッシュ・フロー）」、「インタレスト・カバレッジ・レシオ（キャッシュ・フロー／利払い）」を算定する問題である。

小問1

解答： 時価ベースの自己資本比率 　85.8　％

解説： 時価ベースの自己資本比率は、市場が評価した企業価値である株式時価総額と財務会計での企業価値である総資産とを比較するものであり、時価ベースの自己資本比率は、以下の算定式により求める。

$$時価ベースの自己資本比率 = \frac{株式時価総額（期末）}{総資産（期末）} \times 100$$

$$= \frac{(20,000,000株 - 20,573株) \times 1,431円}{33,326,881,000円} \times 100$$

$$= 85.78\cdots$$

$$= 85.8\%（解答）（小数第一位未満を四捨五入）$$

小問2

解答： キャッシュ・フロー対有利子負債比率 　25.9　％

解説： キャッシュ・フロー対有利子負債比率は、安全性分析の一指標である。有利子負債がキャッシュ・フローの何倍であるかを示すものであり、有利子負債の返済能力を図る指標の一つである。キャッシュ・フロー対有利子負債比率は、以下の算定式により求める。

$$キャッシュ・フロー対有利子負債比率 = \frac{有利子負債}{営業キャッシュ・フロー} \times 100$$

$$= \frac{829,660,000円}{3,199,796,000円} \times 100$$

$$= 25.92\cdots$$

$$= 25.9\%（小数第一位未満を四捨五入）$$

小問3

解答: インタレスト・カバレッジ・レシオ　　135.4　倍

解説: インタレスト・カバレッジ・レシオは、安全性分析の一指標である。金融費用の支払能力を示す指標であり、以下の算定式により求める。なお、問題文に「利息の支払に関して、未払いや前払いはなかった」とあるため、利払いの数値には連結損益計算書の支払利息を用いることになる。

$$インタレスト・カバレッジ・レシオ = \frac{営業キャッシュ・フロー}{利払い}$$

$$= \frac{3,199,794,000円}{23,629,000円}$$

$$= 135.41\cdots$$

$$= 135.4倍（小数第一位未満を四捨五入）$$

Ⅲ 決算短信

第44問 Ⅳ 四半期決算短信
連結経営成績、連結財政状態

難易度 ★★☆ 普

以下の資料に基づいて、当期の四半期決算短信に関する各小問に答えなさい。なお、千円未満の金額等、資料から判明しない事項について考慮する必要はない。解答にあたっては、「-」が記載されるべき個所は、「0」と記入しなさい。また、端数等の処理については、『決算短信様式・作成要領等』における原則的な処理方法によるものとする。

〈資料1〉四半期連結貸借対照表（一部抜粋）

（単位：千円）

	前連結会計年度 （平成X1年3月31日）	当第2四半期連結会計期間 （平成X1年9月30日）
純資産の部		
株主資本		
資本金	2,000,000	2,000,000
資本剰余金	1,518,640	1,518,640
利益剰余金	3,820,360	4,163,917
自己株式	△86,777	△86,807
株主資本合計	7,252,223	7,595,750
その他の包括利益累計額		
その他有価証券評価差額金	△8,049	△86,935
為替換算調整勘定	△62,886	△56,652
その他の包括利益累計額合計	△70,935	△143,587
新株予約権	985	856
少数株主持分	23,964	29,446
純資産合計	7,206,237	7,482,465
負債純資産合計	21,323,805	21,882,067

〈資料2〉 四半期連結損益計算書

(単位:千円)

	前第2四半期連結累計期間 (自 平成X0年4月 1日 至 平成X0年9月30日)	当第2四半期連結累計期間 (自 平成X1年4月 1日 至 平成X1年9月30日)
売上高	5,576,024	6,520,933
売上原価	4,484,843	5,226,160
売上総利益	1,091,181	1,294,773
販売費及び一般管理費	803,248	854,938
営業利益	287,933	439,835
営業外収益		
受取利息	1,236	1,893
受取配当金	5,780	7,352
仕入割引	4,688	5,657
その他	2,702	2,608
営業外収益合計	14,406	17,510
営業外費用		
支払利息	10,049	6,794
為替差損	55,418	39,810
その他	656	970
営業外費用合計	66,123	47,574
経常利益	236,216	409,771
特別利益		
固定資産売却益	7,472	3,421
その他	40	43
特別利益合計	7,512	3,464
特別損失		
固定資産除却損	1,413	4,631
投資有価証券評価損	3,449	—
減損損失	197,500	—
その他	656	1,404
特別損失合計	203,018	6,035
税金等調整前四半期純利益	40,710	407,200
法人税、住民税及び事業税	27,369	148,887
法人税等調整額	△11,289	12,364
法人税等合計	16,080	161,251
少数株主損益調整前四半期純利益	24,630	245,949
少数株主利益	3,583	5,482
四半期純利益	21,047	240,467

Ⅳ 四半期決算短信

〈資料3〉注記事項　1株当たり情報

項目	前第2四半期連結累計期間 （自　平成X0年4月1日 　至　平成X0年9月30日）	当第2四半期連結累計期間 （自　平成X1年4月1日 　至　平成X1年9月30日）
1株当たり四半期純利益金額	XX円XX銭	XX円XX銭
（算定上の基礎）		
四半期純利益金額（千円）	XXX,XXX	XXX,XXX
普通株主に帰属しない金額（千円）	XXX,XXX	XXX,XXX
普通株式に係る四半期純利益金額（千円）	XXX,XXX	XXX,XXX
普通株式の期中平均株式数（株）	11,349,821	11,349,219
潜在株式調整後1株当たり四半期純利益金額	XX円XX銭	XX円XX銭
（算定上の基礎）		
四半期純利益調整額（千円）	—	—
普通株式増加数（株）	93,107	105,104
希薄化効果を有しないため、潜在株式調整後1株当たり四半期純利益金額の算定に含めなかった潜在株式で、前連結会計年度末から重要な変動があったものの概要	省略	省略

〈資料4〉

1．平成X2年3月期第2四半期の連結業績（平成X1年4月1日～平成X1年9月30日）
(1) 連結経営成績（累計）　　　　　　　　　（％表示は、対前年同四半期増減率）

	売上高		営業利益		経常利益		四半期純利益	
	百万円	％	百万円	％	百万円	％	百万円	％
X2年3月期第2四半期	(　)	(　)	(　)	(　)	(　)	(　)	(　)	(a)
X1年3月期第2四半期	(　)	(　)	(　)	(　)	(　)	(　)	(　)	(　)

（注）包括利益　X2年3月期第2四半期（　）百万円（　％）　X1年3月期第2四半期（　）百万円（　％）

	1株当たり 四半期純利益	潜在株式調整後 1株当たり四半期純利益
	円　銭	円　銭
X2年3月期第2四半期	(　　)	(b)
X1年3月期第2四半期	(　　)	(　　)

(2) 連結財政状態

	総　資　産	純　資　産	自己資本比率
	百万円	百万円	％
X2年3月期第2四半期	(　　)	(　　)	(c)
X1年3月期	(　　)	(　　)	(　　)

(参考) 自己資本　X2年3月期第2四半期 (　　) 百万円　X1年3月期 (　　) 百万円

2. 配当の状況

	年間配当金				
	第1四半期末	第2四半期末	第3四半期末	期　末	合　計
	円　銭	円　銭	円　銭	円　銭	円　銭
X1年3月期	(　)	(　)	(　)	(　)	(　)
X2年3月期	(　)	(　)			
X2年3月期（予想）			(　)	(　)	(　)

(注) 直近に公表されている配当予想からの修正の有無：有・無

小問1　〈資料4〉の空欄（ a ）に入る数値を答えなさい。
　　　　四半期純利益の対前年同四半期増減率　　　　　　　％

小問2　〈資料4〉の空欄（ b ）に入る数値を答えなさい。
　　　　潜在株式調整後1株当たり四半期純利益　　　　　　円

小問3　〈資料4〉の空欄（ c ）に入る数値を答えなさい。
　　　　自己資本比率　　　　　　　　　　　　　　　　　％

解答・解説

　本問は、四半期決算短信のサマリーとして記載される項目のうち、「対前年同四半期増減率」、「潜在株式調整後1株当たり四半期純利益」、「自己資本比率」を問う問題である。四半期決算短信については、決算短信より記載内容が簡略化されており、自己資本当期純利益率、総資産経常利益率、売上高営業利益率は記載されない。

小問1

解答： 四半期純利益の対前年同四半期増減率　　| 0 |％

解説： 対前年同四半期増減率は、以下の算定式より求める。

対前年同四半期増減率＝｛(当期の数値／前期の数値)－1｝×100
　　　　　　　　　　＝｛(240,467,000円／21,047,000円)－1｝×100
　　　　　　　　　　＝1,042.523…％

　決算短信の記載において、増減率が1,000％以上になった場合には「一」と記載することとされているため、設問の指示により解答は「0」となる。
　なお、本問の場合以外に決算短信で「一」と記載する場合として、当期（当四半期）・前期（前年同四半期）の一方若しくは両方がマイナスとなっている場合がある。

小問2

解答： 潜在株式調整後1株当たり四半期純利益　　| 20.99 |円

解説： 潜在株式調整後1株当たり四半期純利益は、以下の算定式により求める。

$$\text{潜在株式調整後1株当たり四半期純利益} = \frac{\text{普通株式に係る四半期純利益}}{\text{普通株式の期中平均株式数}＋\text{潜在株式に係る権利の行使を仮定したことによる普通株式の増加数}}$$

$$= \frac{240,467,000円}{11,349,219株＋105,104株}$$

＝20.993…
＝20.99円（解答）（銭未満を四捨五入）

小問3

解答： 自己資本比率　　34.1　％

解説： 自己資本の算出は以下のとおりである。

　　　自己資本＝純資産合計－新株予約権－少数株主持分
　　　　　　　＝7,482,465,000円－856,000円－29,446,000円
　　　　　　　＝7,452,163,000円

　　また、自己資本比率は、以下の算定式により求める。

　　　自己資本比率＝(自己資本／総資産)×100
　　　　　　　　　＝(7,452,163,000円／21,882,067,000円)×100
　　　　　　　　　＝34.056…
　　　　　　　　　＝34.1%（解答）（小数第一位未満を四捨五入）

第45問 分配可能利益①

V 会社法

難易度 ★★☆ 普

以下の資料に基づいて、剰余金の分配可能額に関する各小問に答えなさい。なお、解答数値は百万円単位とし、絶対値で解答すること。また、百万円未満の金額等、資料から判明しない事項について考慮する必要はない。

〈資料1〉貸借対照表　純資産の部

(単位：百万円)

	前事業年度 (平成X1年3月31日)	当事業年度 (平成X2年3月31日)
純資産の部		
株主資本		
資本金	11,055	11,055
資本剰余金		
資本準備金	18,002	18,002
その他資本剰余金	11	13
資本剰余金合計	18,013	18,015
利益剰余金		
利益準備金	945	945
その他利益剰余金		
別途積立金	25,755	24,755
繰越利益剰余金	1,083	6,030
利益剰余金合計	27,783	31,730
自己株式	△1,817	△1,747
株主資本合計	55,034	59,053
評価・換算差額等		
その他有価証券評価差額金	450	544
繰延ヘッジ損益	2	3
評価・換算差額等合計	452	547
新株予約権	263	255
純資産合計	55,749	59,855

〈資料2〉
① 事業年度末日から剰余金の分配時点までに、自己株式のうち100百万円を150百万円で処分している。臨時計算書類は作成していない。
② 事業年度末日から剰余金の分配時点までに、自己株式100百万円を消却している。臨時計算書類は作成していない。

小問1 事業年度末日における剰余金の額を答えなさい。
　　　　事業年度末日における剰余金の額　　　　　　　百万円

小問2 〈資料2〉①の場合、分配時点における剰余金の額を答えなさい。
　　　　分配時点における剰余金の額　　　　　　　百万円

小問3 〈資料2〉②の場合、分配時点における剰余金の額を答えなさい。
　　　　分配時点における剰余金の額　　　　　　　百万円

解答・解説

本問は、会社法における分配可能額の算定について問う問題である。分配可能額を算定するには、以下の4ステップを踏むことになる。

　ステップ1：期末時点における剰余金の額を算定する。
　ステップ2：決算日以降分配時点までの剰余金の増減を反映させ、分配時点の剰余金の額を算定する。
　ステップ3：分配時点の剰余金の額に評価・換算差額等に係る控除額を反映し、そこから自己株式の帳簿価額及び期中の自己株式の処分価額等を差し引いて分配可能額を算定する。
　ステップ4：のれん等への配当規制を考慮する。

本問は、ステップ1、ステップ2に関する問題である。

小問1

解答：　事業年度末日における剰余金の額　　30,798　百万円

解説：　剰余金の額（その他資本剰余金の額＋その他利益剰余金の額）
　　　　＝13百万円＋(24,755百万円＋6,030百万円)
　　　　＝30,798百万円

小問2

解答：　分配時点における剰余金の額　　30,848　百万円

解説：　分配時点の剰余金の額＝期末時点の剰余金の額±分配時点までの剰余金の変動額（自己株式処分差益）
　　　　自己株式処分差益＝150百万円－100百万円＝50百万円
　　　　分配時点の剰余金の額：30,798百万円＋50百万円＝30,848百万円

小問3

解答：　分配時点における剰余金の額　　30,698　百万円

解説：　分配時点の剰余金の額＝期末時点の剰余金の額±分配時点までの剰余金の変動額（自己株式消却額）
　　　　分配時点の剰余金の額：30,798百万円－100百万円＝30,698百万円

第46問 分配可能利益② — Ⅴ 会社法

難易度 ★★☆ 普

以下の資料に基づいて、剰余金の分配可能額に関する各小問に答えなさい。解答数値は百万円単位とし、絶対値で解答すること。なお、百万円未満の金額等、資料から判明しない事項について考慮する必要はない。

〈資料1〉貸借対照表　純資産の部

(単位：百万円)

	前事業年度 （平成X1年3月31日）	当事業年度 （平成X2年3月31日）
純資産の部		
株主資本		
資本金	11,055	11,055
資本剰余金		
資本準備金	18,002	18,002
その他資本剰余金	11	13
資本剰余金合計	18,013	18,015
利益剰余金		
利益準備金	945	945
その他利益剰余金		
別途積立金	25,755	24,755
繰越利益剰余金	1,083	6,030
利益剰余金合計	27,783	31,730
自己株式	△1,817	△1,747
株主資本合計	55,034	59,053
評価・換算差額等		
その他有価証券評価差額金	450	544
繰延ヘッジ損益	2	3
評価・換算差額等合計	452	547
新株予約権	263	255
純資産合計	55,749	59,855

〈資料2〉
　事業年度末日から剰余金の分配時点までに、自己株式のうち100百万円を150百万円で処分している。臨時計算書類は作成していない。

小問1　分配可能額に含まれるその他有価証券評価差額金及び繰延ヘッジ損益の合計額を答えなさい。

その他有価証券評価差額金及び
繰延ヘッジ損益の合計額　　　　　　[　　　　]百万円

小問2　仮に、その他有価証券評価差額金の額が「△544百万円」、繰延ヘッジ損益の額が「3百万円」だった場合、分配可能額から控除されるその他有価証券評価差額金及び繰延ヘッジ損益の合計額を答えなさい（以降の問題ではこの条件は用いない）。

その他有価証券評価差額金及び
繰延ヘッジ損益の合計額　　　　　　[　　　　]百万円

小問3　分配時点における分配可能額を答えなさい（のれん等調整額については考慮しなくてよい）。なお、分配時点の剰余金の額は30,848百万円である。

分配時点における分配可能額　　　　[　　　　]百万円

解答・解説

本問は、会社法における分配可能額の算定について問う問題である。分配可能額を算定するには、以下の4ステップを踏むことになる。

ステップ1：期末時点における剰余金の額を算定する。
ステップ2：決算日以降分配時点までの剰余金の増減を反映させ、分配時点の剰余金の額を算定する。
ステップ3：分配時点の剰余金の額に評価・換算差額等に係る控除額を反映し、そこから自己株式の帳簿価額および期中の自己株式の処分価額等を差し引いて分配可能額を算定する。
ステップ4：のれん等への配当規制を考慮する。

本問は、ステップ3に関する問題である。その他有価証券評価差額金等は、プラス残高（評価差益）である場合には分配可能額に含まれないが、マイナス残高（評価差損）である場合には分配可能額から控除することになる。

小問1
解答： その他有価証券評価差額金及び繰延ヘッジ損益の合計額 　0　百万円
解説： その他有価証券評価差額金、繰延ヘッジ損益はいずれもプラス残高（評価差益）であるため、分配可能額に含まれない。

小問2
解答： その他有価証券評価差額金及び繰延ヘッジ損益の合計額 　544　百万円
解説： その他有価証券評価差額金のみがマイナス残高（評価差損）となるため、控除される額は544百万円＋0円＝544百万円となる。

小問3
解答： 分配時点における分配可能額 　29,051　百万円
解説： 分配時点における分配可能額

＝分配時点の剰余金の額－分配時点における自己株式の帳簿価額－事業年度末日後に自己株式を処分した場合の処分対価の額(※)－のれん等調整額－評価差額等の控除額
＝30,848百万円－（1,747百万円－100百万円）－150百万円－0円－0円
＝29,051百万円

※ 分配時点の剰余金の額の算定においては、いったん自己株式の処分差益を反映させるが、分配可能額の算定に当たっては、分配時点の剰余金の額から自己株式の帳簿価額及び自己株式の処分価額を差し引くことにより、結果として分配可能額の算定には自己株式の処分差益を反映させないこととなる。このような取扱いは、事業年度の末日後の自己株式の処分損益が株主総会等の承認により確定されていないことに起因すると考えられる。

【例題】
　事業年度末日の剰余金の額　：100百万円
　事業年度末日の自己株式残高：100百万円
　　分配時点までに自己株式全額100百万円を150百万円で処分した。

〈分配時点の剰余金の額の算定〉
　　剰余金の額100百万円＋自己株式処分差益50百万円＝150百万円

〈分配可能額の算定〉
　　分配時点の剰余金の額150百万円－分配時点の自己株式帳簿価額0円
　　－自己株式処分対価150百万円＝0円
　⇒分配可能額に自己株式処分差益は含まれないことになる。

第47問 分配可能利益③

V 会社法

難易度 ★★★ 難

以下の資料に基づいて、剰余金の分配可能額に関する各小問に答えなさい。解答数値は百万円単位とし、絶対値で解答すること。なお、百万円未満の金額等、資料から判明しない事項について考慮する必要はない。

〈資料1〉貸借対照表　純資産の部

(単位：百万円)

	前事業年度 (平成X1年3月31日)	当事業年度 (平成X2年3月31日)
純資産の部		
株主資本		
資本金	11,055	11,055
資本剰余金		
資本準備金	18,002	18,002
その他資本剰余金	11	13
資本剰余金合計	18,013	18,015
利益剰余金		
利益準備金	945	945
その他利益剰余金		
別途積立金	25,755	24,755
繰越利益剰余金	1,083	6,030
利益剰余金合計	27,783	31,730
自己株式	△1,817	△1,747
株主資本合計	55,034	59,053
評価・換算差額等		
その他有価証券評価差額金	450	544
繰延ヘッジ損益	2	3
評価・換算差額等合計	452	547
新株予約権	263	255
純資産合計	55,749	59,855

〈資料2〉

事業年度末日から剰余金の分配時点までに、自己株式のうち100百万円を150百万円で処分している。臨時計算書類は作成していない。

小問1　資本等金額を答えなさい。

　　　　資本等金額　　　　□百万円

小問2　以下の①、②の合計額を答えなさい。
　　　①　のれんの額が20,000百万円、繰延資産の額が10,010百万円であった場合、分配可能額から控除される額
　　　②　のれんの額が40,000百万円、繰延資産の額が10,010百万円であった場合、分配可能額から控除される額
　　　　①、②の合計額　　　　□百万円

小問3　以下の①、②の合計額を答えなさい。
　　　①　のれんの額が60,000百万円、繰延資産の額が10,010百万円であった場合、分配可能額から控除される額
　　　②　のれんの額が80,000百万円、繰延資産の額が10,010百万円であった場合、分配可能額から控除される額
　　　　①、②の合計額　　　　□百万円

解答・解説

本問は、会社法における分配可能額の算定について問う問題である。分配可能額を算定するには、以下の4ステップを踏むことになる。

ステップ1：期末時点における剰余金の額を算定する。
ステップ2：決算日以降分配時点までの剰余金の増減を反映させ、分配時点の剰余金の額を算定する。
ステップ3：分配時点の剰余金の額に評価・換算差額等に係る控除額を反映し、そこから自己株式の帳簿価額及び期中の自己株式の処分価額等を差し引いて分配可能額を算定する。
ステップ4：のれん等への配当規制を考慮する。

本問は、ステップ4に関する問題である。

資産の部にのれん、繰延資産が計上されている場合には、配当規制として、のれんに2分の1を乗じた額と繰延資産との合計額（以下、「のれん等調整額」）と、資本金、準備金（資本準備金、利益準備金）及びその他資本剰余金との大小関係により、それぞれのケースに応じて控除額が算定される。

ケース	控除額
（ケース1） のれん等調整額[※1]≦資本等金額[※2] の場合	ゼロ
（ケース2） 資本等金額 　＜のれん等調整額 　　≦（資本等金額＋その他資本剰余金）の場合	のれん等調整額－資本等金額
（ケース3） （資本等金額＋その他資本剰余金） 　＜のれん等調整額の場合	
①（のれんの金額×1/2） 　　≦（資本等金額＋その他資本剰余金）の場合	のれん等調整額－資本等金額
②（のれんの金額×1/2） 　　＞（資本等金額＋その他資本剰余金）の場合	その他資本剰余金＋繰延資産

※1：のれん等調整額＝のれん（資産の部）×1/2＋繰延資産
※2：資本等金額　　　＝資本金の額＋準備金の額

小問1

解答: 資本等金額　　30,002　百万円

解説: 資本等金額＝資本金の額＋準備金の額（資本準備金、利益準備金）
　　　　　　　＝11,055百万円＋18,002百万円＋945百万円
　　　　　　　＝30,002百万円（解答）

小問2

解答: ①、②の合計額　　8　百万円

解説: ①のれん等調整額＝のれん（資産の部）×1/2＋繰延資産
　　　　　　　　　　＝20,000百万円×1/2＋10,010百万円
　　　　　　　　　　＝20,010百万円

のれん等調整額20,010百万円≦資本等金額30,002百万円となるため、控除額は0円となる。

②のれん等調整額＝のれん（資産の部）×1/2＋繰延資産
　　　　　　　　＝40,000百万円×1/2＋10,010百万円
　　　　　　　　＝30,010百万円

資本等金額＋その他資本剰余金＝30,002百万円＋13百万円＝30,015百万円

この場合、「資本等金額30,002百万円＜のれん等調整額30,010百万円≦（資本等金額＋その他資本剰余金）30,015百万円」となるため、控除額は「のれん等調整額－資本等金額」となる。

したがって、
控除額＝のれん等調整額－資本等金額
　　　＝30,010百万円－30,002百万円
　　　＝8百万円

よって、解答は以下のとおりである。
①0円＋②8百万円＝8百万円（解答）

小問3

解答: ①、②の合計額　　20,031　百万円

解説: ①のれん等調整額＝のれん（資産の部）×1/2＋繰延資産
　　　　　　　　　　＝60,000百万円×1/2＋10,010百万円
　　　　　　　　　　＝40,010百万円

この場合、「（資本等金額＋その他資本剰余金）30,015百万円＜のれん等調

整額40,010百万円」であり、「(のれんの金額×1/2) 30,000百万円≦(資本等金額＋その他資本剰余金) 30,015百万円」となるため、控除額は「のれん等調整額－資本等金額」となる。

したがって、
控除額＝のれん等調整額－資本等金額
　　　＝40,010百万円－30,002百万円
　　　＝10,008百万円

②のれん等調整額＝のれん(資産の部)×1/2＋繰延資産
　　　　　　　　＝80,000百万円×1/2＋10,010百万円
　　　　　　　　＝50,010百万円

この場合、「(資本等金額＋その他資本剰余金) 30,015百万円＜のれん等調整額50,010百万円」であり、「(のれんの金額×1/2) 40,000百万円＞(資本等金額＋その他資本剰余金) 30,015百万円」となるため、控除額は「その他資本剰余金＋繰延資産」となる。

したがって、
控除額＝その他資本剰余金＋繰延資産
　　　＝13百万円＋10,010百万円
　　　＝10,023百万円

よって、解答は以下のとおりである。
①10,008百万円＋②10,023百万円＝20,031百万円（解答）

以上、のれん等への配当規制については、次のように図示して考えると理解しやすい。

〈 小問2 ①のケース〉

その他資本剰余金 13百万円		
資本等金額 30,002百万円	のれん等調整額 20,010百万円	控除額 0円
	繰延資産 10,010百万円	
	のれん×1/2 10,000百万円	

〈小問2 ②のケース〉

その他資本剰余金 13百万円	のれん等調整額 30,010百万円	分配不可 8百万円
	繰延資産 10,010百万円	
資本等金額 30,002百万円	のれん×1/2 20,000百万円	

〈小問3 ①のケース〉

その他資本剰余金 13百万円	のれん等調整額 40,010百万円 繰延資産 10,010百万円	分配不可 10,008百万円
資本等金額 30,002百万円	のれん×1/2 30,000百万円	

〈小問3 ②のケース〉

	のれん等調整額 50,010百万円	
	繰延資産 10,010百万円	分配不可 10,010百万円
その他資本剰余金 13百万円		分配不可 13百万円
資本等金額 30,002百万円	のれん×1/2 40,000百万円	

●Column　企業結合会計とは

本書では詳細に触れていないが、企業会計に関する重要なテーマの1つとして企業結合会計がある。

企業結合会計とは、組織再編、すなわちある企業が他の企業を合併等の方法により買収する場合の会計処理を定めた会計基準である。法律（会社法）上、企業結合には合併以外にも様々な形態（取引の種類）があるが、企業会計上は企業結合（組織再編）を「取得」「共通支配下の取引等」「共同支配企業の形成」の3区分に大別し、区分ごとに会計処理を定めている。また税法も、税法独自の観点から企業結合（組織再編）の区分を設定し、課税関係を定めている。

企業結合（組織再編）に関する法律・会計・税務の捉え方を図示すると以下のようになる。

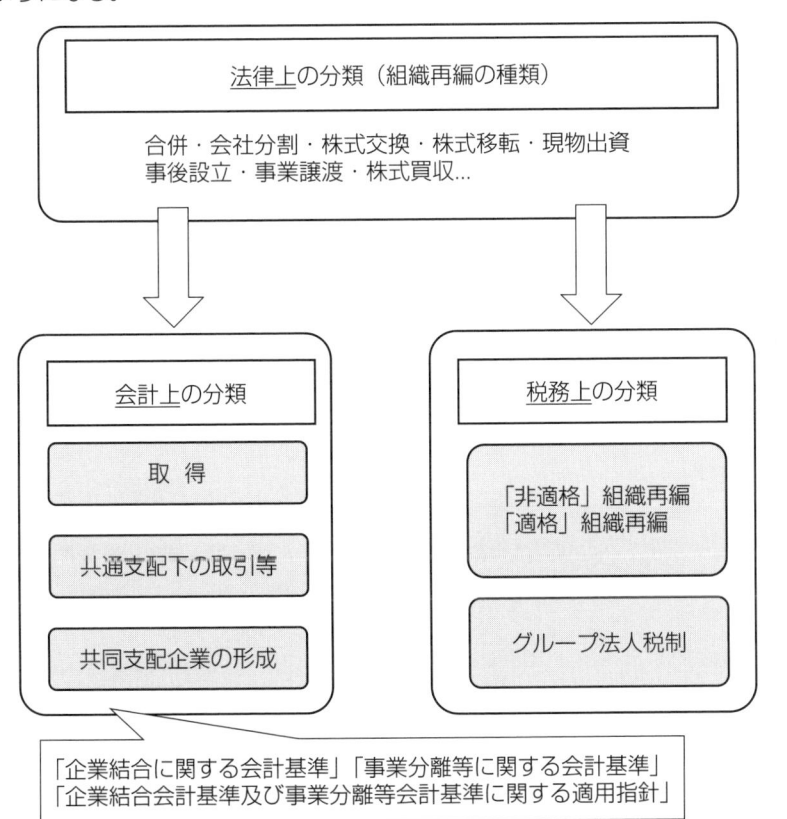

```
┌─────────────────────────────────────────┐
│          法律上の分類（組織再編の種類）          │
│                                         │
│   合併・会社分割・株式交換・株式移転・現物出資    │
│   事後設立・事業譲渡・株式買収…              │
└─────────────────────────────────────────┘
              ↓                    ↓
┌──────────────────┐   ┌──────────────────┐
│   会計上の分類    │   │   税務上の分類    │
│                 │   │                 │
│  ┌───────────┐  │   │ ┌──────────────┐ │
│  │   取　得   │  │   │ │「非適格」組織再編│ │
│  └───────────┘  │   │ │「適格」組織再編  │ │
│  ┌───────────┐  │   │ └──────────────┘ │
│  │共通支配下の取引等│   │ ┌──────────────┐ │
│  └───────────┘  │   │ │ グループ法人税制 │ │
│  ┌───────────┐  │   │ └──────────────┘ │
│  │共同支配企業の形成│   │                 │
│  └───────────┘  │   │                 │
└──────────────────┘   └──────────────────┘
```

「企業結合に関する会計基準」「事業分離等に関する会計基準」
「企業結合会計基準及び事業分離等会計基準に関する適用指針」

<著者プロフィール>
新日本有限責任監査法人について

　新日本有限責任監査法人は、アーンスト・アンド・ヤングのメンバーファームです。全国に拠点を持ち、日本最大級の人員を擁する監査法人業界のリーダーです。品質を最優先に、監査および保証業務をはじめ、各種財務関連アドバイザリーサービスなどを提供しています。アーンスト・アンド・ヤングのグローバル・ネットワークを通じて、日本を取り巻く世界経済、社会における資本市場への信任を確保し、その機能を向上するため、可能性の実現を追求します。詳しくは、www.shinnihon.or.jp にて紹介しています。

アーンスト・アンド・ヤングについて

　アーンスト・アンド・ヤングは、アシュアランス、税務、トランザクションおよびアドバイザリーサービスの分野における世界的なリーダーです。全世界の15万2千人の構成員は、共通のバリュー（価値観）に基づいて、品質において徹底した責任を果します。私どもは、クライアント、構成員、そして社会の可能性の実現に向けて、プラスの変化をもたらすよう支援します。

　「アーンスト・アンド・ヤング」とは、アーンスト・アンド・ヤング・グローバル・リミテッドのメンバーファームで構成されるグローバル・ネットワークを指し、各メンバーファームは法的に独立した組織です。アーンスト・アンド・ヤング・グローバル・リミテッドは、英国の保証有限責任会社であり、顧客サービスは提供していません。詳しくは、www.ey.comにて紹介しています。

　本書又は本書に含まれる資料は、一定の編集を経た要約形式の情報を掲載するものです。したがって、本書又は本書に含まれる資料のご利用は一般的な参考目的の利用に限られるものとし、特定の目的を前提とした利用、詳細な調査への代用、専門的な判断の材料としてのご利用等はしないでください。本書又は本書に含まれる資料について、新日本有限責任監査法人を含むアーンスト・アンド・ヤングの他のいかなるグローバル・ネットワークのメンバーも、その内容の正確性、完全性、目的適合性その他いかなる点についてもこれを保証するものではなく、本書又は本書に含まれる資料に基づいた行動又は行動をしないことにより発生したいかなる損害についても一切の責任を負いません。

著者紹介

編 集 代 表	三浦　太
執筆者代表	岩谷　朗
執　筆　者	臼井　博昭、大橋　雄人、加藤　建史、中込　一摩、 中村　裕彦、野城　信雄、萩原　正也、林田　和久、 松本　雄一　（五十音順）

完全解明「経理の状況」の計算ロジック＆計算構造

2013年3月20日　初版第1刷発行

編著者	新日本有限責任監査法人
発行者	大坪　嘉春
製版所	美研プリンティング株式会社
印刷所	税経印刷株式会社
製本所	株式会社三森製本所

発行所　東京都新宿区下落合2丁目5番13号　株式会社 税務経理協会

郵便番号　161-0033　振替　00190-2-187408　電話　(03) 3953-3301 (編集部)
FAX (03) 3565-3391　(03) 3953-3325 (営業部)
URL　http://www.zeikei.co.jp/
乱丁・落丁の場合はお取替えいたします。

Ⓒ新日本有限責任監査法人　2013
編著者との契約により検印省略

本書を無断で複写複製（コピー）することは、著作権法上の例外を除き、禁じられています。本書をコピーされる場合は、事前に日本複製権センター（JRRC）の許諾を受けてください。
JRRC〈http://www.jrrc.or.jp　eメール：info@jrrc.or.jp　電話：03-3401-2382〉

Printed in Japan
ISBN 978—4—419—05926—2　C3034